Daniel Rosenblatt

TÜREN ÖFFNEN

Der Autor: Dr. Daniel Rosenblatt hat zuerst Philosophie und Geschichte studiert, bevor er an der Harvard Universität in Klinischer Psychologie promovierte. Nach einer langjährigen akademisch/wissenschaftlichen Tätigkeit arbeitet er seit über 20 Jahren in seiner privaten psychotherapeutischen Praxis in New York. Er ist »Fellow« und ehemaliger Vizepräsident des New Yorker Instituts für Gestalttherapie und leitet Ausbildungsgruppen in Gestalttherapie in den USA, Europa, Australien und Japan. Er veröffentlichte »A Primer of Gestalt Therapy« (1976), »Your Life is a Mess« (1976), Festschrift für Laura Perls (1980) und mehrere Artikel zur Gestalttherapie.

Daniel Rosenblatt

TÜREN ÖFFNEN

— Was geschieht in der Gestalttherapie —

Übersetzt von
Brigitte Stein

Edition Humanistische Psychologie
1986

Die Originalausgabe erschien unter dem Titel »Opening Doors: What Happens in Gestalt Therapy« im Verlag Harper & Row, New York

Aus dem Amerikanischen übersetzt von Brigitte Stein

Herausgeber:
Anna und Milan Sreckovic

Vertrieb:
Moll & Eckhardt
Zülpicher Str. 174
5000 Köln 41

Umschlagentwurf: Klaus Eckhardt

Satz:
Fotosetzerei Uwe Sieben
Johannesstr. 9
5137 Waldfeucht-Haaren

Gesamtherstellung:
Agentur Ulrich Himmels
Industriestr. 31
5138 Heinsberg

ISBN 3-926176-00-8

Inhaltsverzeichnis

Vorwort

Mein Freund und Kollege Daniel Rosenblatt ist ein Gestalt-Therapeut mit einem weitgespannten und mannigfaltigen kulturellen Hintergrund. Wir sind uns im Sommer 1948 im Hause von Dwight McDonald (damals Herausgeber von »Politics«), das ein Treffpunkt vieler New Yorker Schriftsteller und Künstler war, zum ersten Mal begegnet. In diesem intellektuellen Kreis, dem auch Paul Goodman angehörte, verband die meisten von uns eine anarchistische und experimentierfreudige Grundhaltung, ein fruchtbarer Boden, in dem potentiell kreative Menschen gedeihen und sich entfalten konnten. Daniel war ein junger Soziologe und damals Sekretär des Gewerkschaftsführers Walter Reuther.

Bald nach unserer ersten Begegnung kam Daniel in therapeutische Einzelsitzungen zu mir. In jenen Tagen wurde ich als »linke Psychoanalytikerin« bezeichnet, da der Begriff »Gestalt-Therapie« noch nicht geprägt war und ich in dem verbreiteten Ruf stand, unorthodox zu sein (ich wandte schon damals Gestaltkonzepte in meiner Praxis an). Daniel entschloß sich, die Analyse zu beenden, die er seit vier Jahren machte, und dem Neuen eine Chance zu geben. Seine Motive waren persönlicher Art, er hatte nicht die Absicht, Therapeut zu werden. In diesen zwei Jahren der Therapie wandelte sich Daniel von einem vielversprechenden, aber scheuen jungen Mann zu einem kommunikations- und ausdrucksfähigeren Menschen, der sich selbst vollständiger akzeptieren lernte. Er beschloß auch, von Philosophie und Geschichte auf Psychologie umzusteigen, und ging in dieser Absicht nach Harvard, wo er sein Studium mit einem Ph.D. in Klinischer Psychologie abschloß.

Neben seiner jahrelangen wissenschaftlichen Tätigkeit an verschiedenen großen und renommierten Forschungsinstituten etablierte sich Daniel Mitte der sechziger Jahre mit einer eigenen therapeutischen Praxis in Manhattan und wurde bald darauf Mitglied des New Yorker Instituts für Gestalt-Therapie. Als Therapeut verhält sich Daniel nicht viel anders als in seinem übrigen Leben. Sein Stil ist offen, intelligent, humorvoll, witzig und entspannt. Er läßt die anderen sie selbst sein, während er gleichzeitig ständig zur Verfügung steht, ohne zu drängen. Er ist zuverlässig und bleibt interessant. Kurz: er ist ganz und gar präsent und viel lebendiger, als ich in wenigen Worten vermitteln kann.

Dieses Buch ist eine starke Gestalt, eine erfolgreiche Integration von Therapie und Praxis, von Erklärung und Schilderung zu einem überaus persönlichen Kommunikationsstil. Daniel Rosenblatts präziser und gleichzeitig phantasievoller und geschmeidiger Gebrauch der Sprache in Dialogen und Bildern macht dieses Buch zu einer spannenden und genußreichen Lektüre.

Es eröffnet uns einen profunden Einblick in die Gestalt-Therapie. Ich empfehle dieses Werk allen ernsthaften Studenten und Praktikern der Psychotherapie sowie dem allgemeinen Leserpublikum.

Laura Perls
Juli 1986

Vorwort zur deutschen Ausgabe

Der Humanistischen Psychologie ist es geglückt, die therapeutische Beziehung aus dem geheimnisvollen Schatten zu lösen, in dem sie Jahrzehnte stand. Mittlerweile ist es Tradition, die Natur des kreativen therapeutischen Umgangs von Therapeut und Person zu schildern. Unter die Schilderungen, welche einen tiefen Eindruck hinterlassen, ist Dan Rosenblatts Arbeit zu zählen, die von ähnlicher Spannkraft und umfassender Einsicht geprägt ist, wie die Sitzungsprotokolle von F.S. Perls. Sie machen in ihrer außerordentlich starken Konzentration und Originalität die Spannweite der Gestalttherapie deutlich. Diese Schilderungen legen offen, wie Patienten Bemerkenswertes erleben und sich aufgefordert fühlen, als Mensch von Fleisch und Blut ihr Schicksal in die Hand zu nehmen.

Der Autor gewinnt das Material dieses Buches aus der täglichen Arbeit mit Einzelnen und mit Gruppen. Man trifft auf einen engagierten, wachsamen und warmherzigen Gestalttherapeuten, der offen über sich und das, was er täglich mit seinen Patienten unternimmt, erzählt. Der Leser lernt ihn gerade in dem Moment kennen, in dem er damit beschäftigt ist, sich geistig auf das Kommen seines ersten Patienten vorzubereiten. Jede Sitzung wird er einer anders gearteten Persönlichkeit gegenübersitzen und sich aktiv um Kontakt bemühen, stets darauf bedacht, wie er seinem Gegenüber seine Sympathie und die Frische seiner Wahrnehmung bewahren kann. Er erfährt von den Motiven, Wünschen und Wandlungen, deren sich Menschen bewußt werden, die sich seiner Begleitung anvertrauen. Erzählt wird vom

Beginn, Höhepunkten und Erlebnissen am Rande von Gruppensitzungen. Man bemerkt, daß diese Erlebnisse am Rande nicht weniger wichtig für die Entstehung von menschlicher Beziehung sind, als die gestalttherapeutische Arbeit selbst. Der Leser wird zum Zeugen gegenseitigen Vertrauens und zwischenmenschlicher Verflochtenheit aufgefordert, jenen Bedingungen, die einem Einzelnen erlauben, im Kreis der anderen an dem zu arbeiten, was nach Veränderung verlangt.

Man braucht nur wenige Seiten zu lesen, um zu erkennen, was für ein engagierter Therapeut Dan Rosenblatt ist und wie er es versteht, seine Patienten in den Bann ihrer Sehnsucht nach persönlichem Wachstum zu ziehen. Mit rigoroser Subjektivität erzählt er für jene Leser, die nicht nur wissen, sondern die miterleben möchten, wie ein erfahrener Kliniker am Leben eines Patienten teilnimmt, ein Thema oder ein Problem aufgreift und weiterführt, ohne dessen Individualität in ihrem Gewordensein aus dem Blick zu verlieren.

Die Gestalttherapie versteht sich nicht als eine feste Methode und nicht als eine feststehende Ansammlung von Techniken. Nicht selten wird sie so verstanden. Aber es wäre ein Mißverständnis, denn diese Auffassung macht uns unlebendig und widerspricht dem Grundprinzip der fortlaufenden Gestaltbildung. In der Gestalttherapie wird der Mensch angehalten, seine Grenzen und den Prozess zu erleben, in dem er immer neu seine Grenzen wahrt, erweitert und gestaltet.

Patienten brauchen Vertrauen ohne Unterordnung in einer existenziellen mitmenschlichen Beziehung. Diese Auffassung, die Dan Rosenblatt von seiner großartigen Lehrerin Lore Perls übernimmt, findet sich in allen Fallschilderungen wieder.

Als Gestalttherapeuten versuchen wir, die Dynamik der Grenzziehung durchsichtig zu machen. Aus diesem Grund legen wir zuerst Wert auf die Entwicklung der Bewußtheit, um störende Gewohnheiten und automatisiertes Verhalten in den Vordergrund der Aufmerksamkeit des Patienten zu rücken. Bekanntlich ist das, was einem selbst als selbstverständlich gilt, am schwierigsten zu bemerken. Eine selbstverständliche Gewohnheit, die beispielsweise absichtlich übertrieben wird und das sorgfältige Nachspüren, was sich durch die Übertreibung ändert, entfaltet sich in die verschiedensten Richtungen. Neues Verhalten und erweitertes Erleben werden geschaffen und geben Anlaß zum Überdenken des eigenen Weltbildes. Gesundes Erleben ist kontaktvoll, farbig und intensiv, und es verfügt über eine unfehlbare

Bewertung für das im Augenblick Wichtigste.

Das eigentliche Arbeitsfeld des Patienten liegt in der kreativen Auflösung seiner Blockierungen, welche den Kontakt zu sich selbst und zu seiner Umgebung unterbrechen. Durch Bewußtheit läßt sich über kurz oder lang ein frischer Kontakt zu den dahinterliegenden Gefühlen, Wünschen und Bedürfnissen herstellen. Doch fällt es nicht leicht, Blockierungen aufzugeben, weil sie eine Schutzfunktion haben. Wir sind gewohnt, uns zu vergewissern, bevor wir es wagen, uns zu zeigen und der Beobachtung auszusetzen. Blockierungen brauchen aber nicht verewigte Mauer bleiben, die uns von der Lebendigkeit und vom Leben trennt.

Es scheint, als wollte Dan Rosenblatt seinem Patienten sagen: Du stehst vor verschlossenen Türen, die du öffnen wirst, vorsichtig, einen Spalt vielleicht und nicht mehr, um dich nicht selbst zu erschrecken. Als dein therapeutischer Türhüter lasse ich dich einen Blick auf das Neue und die Weite werfen, welche auf der Schwelle deiner Ängste und Bedenken, deiner Schuldgefühle und Zweifel, all des Unbequemen, das du erlebst und das du, wie andere Menschen auch, zu meiden gewohnt bist, folgen werden. Du machst halt auf der Schwelle, gelegentlich sehe ich dich durch die Hintertür verschwinden. Aber ich werde nicht müde, dir den Spalt offen zu halten und dir Mut zu machen, ihn stetig weiter zu öffnen, damit du lernst, deine Möglichkeiten wahrzunehmen und zu verwirklichen.

Dieses Bild erfaßt vieles von dem, was den Kern des gestalttherapeutischen Prozesses ausmacht. Dem Leser wünsche ich, daß sich ihm innere Türen öffnen werden.

Kristine Schneider
Juni 1986

Als der Hahn krähte, riefen die vor der
Taverne Wartenden: »Öffnet doch die Tür!
Ihr wißt, wie kurz unsere Zeit ist,
Und wenn wir gegangen sind, kehren wir vielleicht nie wieder.«

Rubaiyat von Omar Khayyam

Einführung

Während meines Aufbaustudiums 1950 in Harvard erzählte ich meinen Professoren und Assistenten, daß ich in New York Patient in Gestalt-Therapie gewesen sei. Sie lachten oder äußerten Unverständnis. Zwar war die Gestalt-*Psychologie* ein anerkannter Zweig der Psychologie, aber so etwas wie Gestalt-*Therapie* existierte einfach nicht. Fritz Perls und Paul Goodman hielt man für Emporkömmlinge, die sich unbefugterweise einen renommierten Namen aneigneten und deshalb verklagt werden sollten. Ich beschloß, abzuwarten und ausnahmsweise meinen Mund zu halten.

Jetzt, fünfundzwanzig Jahre später, glaube ich, daß meine Zeit gekommen ist, und ich habe meinen Mund aufgetan. Das Ergebnis ist dieses Buch. Darin habe ich nicht versucht, die Gestalt-Therapie zu erklären — ich beziehe mich nach wie vor auf die ursprünglichen Texte von Perls, Goodman und Hefferline. Es geht mir vielmehr um die Frage des *Stils* in der Gestalt-Therapie. Laura Perls, die Frau von Fritz und Mitbegründerin der Gestalt-Therapie, hat oft erklärt, es gebe ebensoviele Arten von Gestalt-Therapie wie Gestalt-Therapeuten. Was sie damit meint, ist, daß die Gestalt-Therapie mehr als ein theoretisches Lehrgebäude ist. Es gibt keinen vorgeschriebenen Weg. Jeder Therapeut entwickelt im Laufe seiner Arbeit seinen eigenen Stil, der teilweise durch Dinge bestimmt ist, die er aus seiner eigenen Vergangenheit assimiliert hat; diese benutzt er in einer einzigartigen Weise, die im besten Fall frisch, unmittelbar, lebendig und anregend ist. Dies ist seine Art und Weise, einen starken und kreativen Kontakt mit seinem Patienten aufrechtzuerhalten.

Das Lebendige an diesem Konzept ist für mich, daß sich mein therapeutischer Stil in dem Maße ändert, wie ich selbst mich ändere, wachse und mich entwickle. Ich merke, daß ich in den letzten zehn Jahren flexibler und experimentierfreudiger geworden bin, bereiter, konventionelle therapeutische Erkenntnisse beiseitezulegen und mehr zu riskieren. Ich bin bereit, in einer bestimmten Situation meine eigene Vergangenheit heranzuziehen, mir Blößen zu geben, ja töricht zu wirken, wenn mir das im Augenblick sinnvoll erscheint. Mein Stil ändert sich also mit mir.

Für manche Patienten ist dies belastend. Sie wollen einen Therapeuten, der allmächtiger, distanzierter und überlegener ist. Manchmal rutsche ich in diese Rollen, aber ich würde es vorziehen, das nicht zu tun. Ich fühle mich als Therapeut am wohlsten, wenn ich mich am freiesten fühle zu improvisieren, was als nächstes geschieht, wenn ich den Verhaltenskodex des guten Therapeuten mit seinen Geboten und Verboten über Bord werfen kann, wenn ich so kreativ wie möglich explorieren kann, was zwischen uns geschieht, wenn ich auf neue Weise in mich hineinschaue und mir offen ansehen kann, was möglicherweise in meinem Gegenüber vor sich geht.

Manche Patienten erheben aus anderen Gründen Einwände. Sie haben die späteren Werke von Perls gelesen und sind in der Erwartung zu mir gekommen, ein Duplikat von Fritz vorzufinden. Sie beklagen sich: »Du bist kein Gestalt-Therapeut. Fritz würde nicht so verfahren.« Sie haben zur Hälfte recht. *Fritz* würde tatsächlich nicht so verfahren, aber gerade weil ich mich frei fühle, ich selbst zu sein, kann ich mich als Gestalt-Therapeut bezeichnen. Denn Fritz hatte nicht meinen Hintergrund und ich habe nicht den seinen. Es wäre unauthentisch für mich, so zu arbeiten wie Fritz; vielmehr kommt es darauf an, von ihm zu übernehmen, was für mich brauchbar ist und es zu einem Teil meiner selbst zu machen. Er wäre der erste, der mir zustimmt, daß ich das verdauen muß, was ich mir von anderen nehme. Deshalb stimme ich allen zu, die sich beklagen, daß ich nicht Fritz bin. Ich habe Dinge von ihm entlehnt, aber ich habe auch versucht, sie mir in Einklang mit meinem eigenen Stil anzueignen.

Jetzt bin ich ins Stocken geraten, und wenn jemand, den ich behandle, ins Stocken gerät, wenn er mir erklärt, er wisse nicht, worüber er reden solle, dann fordere ich ihn auf, ein kleines Experiment zu machen und mir nicht zu sagen, worüber er reden möchte, sondern all die Dinge zu nennen, über die er nicht sprechen will. Die entstehende Liste beeindruckt mich jedes Mal, und er findet anhand dieser Liste rasch einen Punkt, an dem wir ansetzen können. Wir müssen uns nicht an diese Liste halten, aber wir finden einen neuen Ansatz, von dem wir ausgehen können.

Lassen Sie mich dasselbe Experiment versuchen und alles aufzählen, was dieses Buch nicht ist. Es ist kein theoretisches Buch über Gestalt-Therapie, obwohl ich mich gelegentlich auf die Theorie beziehen werde, wenn es mir passend erscheint. Es gibt genügend theoretische Bücher über Gestalt-Therapie, außerdem möchte ich etwas anderes machen. Was? Das wird sich herausstellen, wenn ich meine Liste fortsetze. Dieses Buch ist kein akademisches Buch. Ich bin mehr als fünfzehn Jahre lang als Professor und Verfasser von Forschungsberichten tätig gewesen, und im Augenblick habe ich genug davon. Dieses Buch hat weder eine Bibliographie noch Fußnoten. Mein Material entstammt meinen eigenen persönlichen Erfahrungen als Therapeut.

Dieses Buch ist auch nicht als ein theoretisches Kochbuch gedacht. Mir schwebte einmal *Throw Away the Rule Book* als Titel für dieses Buch vor. Ich meinte das ernst. Jeder Mensch ist einmalig, jede Situation ist anders, jede Gestalt hat ihre eigene, inhärente Form. Meine Aufgabe ist es, herauszufinden, was an diesem Menschen, dieser Situation einzigartig, anders, inhärent ist; zu explorieren, was an dem jeweiligen Vordergrund besonders ist und wie das mit diesem Hintergrund zusammenhängt. Da es mir nicht darum geht, ein theoretisches oder akademisches oder ein allgemeintherapeutisches Kochbuch zu schreiben, verallgemeinere ich nicht auf einem hohen Abstraktionsniveau, obwohl die sorgfältigen Leser den präsentierten Figuren die Möglichkeit dazu entnehmen werden.

Ich nehme also nicht für mich in Anspruch, das Non plus ultra therapeutischer Weisheit zu sein; mein Ziel ist es vielmehr, so ehrlich wie möglich zu beschreiben, was ich tue, wie ich es tue und wie meine Entscheidungen zustandekommen. Auf der anderen Seite schreibe ich keine Autobiographie. Im Mittelpunkt steht nicht mein Leben, sondern meine Praxis.

In diesem Buch geht es also in erster Linie um meinen Stil und meine Art und Weise, Gestalt-Therapie zu praktizieren. Zu diesem Zweck werde ich einiges an Theorie, an Autobiographie und an Berichten über meine therapeutische Arbeit heranziehen, aber mein Hauptakzent liegt darauf, was mit mir geschieht, während ich behandle, was mit den von mir Behandelten geschieht und, sofern ich darüber Bescheid weiß, wie es dazu kommt.

Ich wünsche mir, daß den Lesern dieses Buches bestimmte Aspekte der Gestalt-Therapie in Aktion deutlich werden und daß sie durch meinen therapeutischen Stil verstehen lernen, wie bestimmte Prinzipien der Gestalt-Therapie interpretiert und mit Leben erfüllt werden können. Ich würde mich freuen, wenn sich Therapeuten dadurch ermutigt fühlen, neue Methoden des Umgangs mit ihren Patienten, ja sogar mit ihrem eigenen Konzept von ihrer Tätigkeit, auszuprobieren. Ich wäre auch glücklich, wenn sich die in Therapie Befindlichen ermuntert fühlen, ihre Therapeuten zu bitten, mehr aus sich herauszugehen, oder wenn nicht in Therapie Befindliche zu dem Schluß kommen, daß auch Therapeuten Menschen sind und Therapie ein Risiko ist, das es sich lohnt einzugehen. Ich für meine Person habe das gefunden, und mein Leben hat sich dadurch fundamental verändert. Eines meiner Ziele ist es, diese Dankesschuld abzutragen, indem ich versuche, dasselbe für andere zu tun.

Anmerkung der Übersetzerin:

Ich komme gern dem Wunsch des Autors nach, zur Vermeidung sexistischen Sprachgebrauchs in meiner Übersetzung bei wiederkehrenden Begriffen wie Patient / in und Therapeut / in kapitelweise abwechselnd die weibliche bzw. männliche Form zu gebrauchen.

Brigitte Stein

Erster Teil

EINZELTHERAPIE

1. Du und ich

Es ist acht Uhr früh und ich warte auf dich, meine erste Patientin. *Patientin?* Eine Ärztin hat Patientinnen. Zwar habe ich promoviert, aber ich bin nicht Doktor der Medizin und ich will keine Patientinnen, will nicht Patientinnen behandeln. Ich bin ein Gestalt-Therapeut (griechisch: therapsis-Assistent/in, Helfer/in, vielleicht der Götter und Göttinnen. Soviel wir wissen, waren die ersten Therapeutinnen Ärztinnen, die sich nachts als Göttinnen bekleideten und die Leidenden besuchten und salbten, die im Tempel schliefen). Ich möchte dir und anderen Menschen helfen, ganz zu werden, dein Leben zu integrieren (von *integer*). Dazu brauche ich Unterstützung von dir, von der Betroffenen selbst. Du wirst meine Lehrerin, und ich werde dein Schüler, um zu erfahren, wer du bist, wie du dein Leben führst. Wir werden Partner in dem zeitlich unbegrenzten, zwanglosen Vorhaben, einander kennenzulernen, einander zu unterstützen. Du (die andere, meine Partnerin, meine Helferin, meine Gegnerin, meine Freundin, meine Feindin — was immer du bist) änderst dich ebenso, wie sich unsere Beziehung ändert, von Minute zu Minute, von Stunde zu Stunde. Du gibst mir Gelegenheit, mein Wissen und Können anzuwenden, meine Kraft als Mensch auszuüben, froh über meine Fähigkeiten zu sein; du hilfst mir, meine Rechnungen zu bezahlen. Ich helfe dir, unerledigte Situationen aus deiner Vergangenheit aufzuarbeiten, Löcher oder Lücken in deinem Selbstgefühl zu schließen, zu wachsen, eine zweite Chance zu bekommen, wiedergeboren zu werden, zu leben.

Es ist 8 Uhr 5. Hast du dich verspätet oder geht meine Uhr falsch? Ich bin nie sicher. Fünf Minuten sind für mich keine große Affäre, obwohl du vielleicht anders denkst. Du sagst, Warum hast du mich warten lassen? Ich bin pünktlich gekommen und ich erwarte, daß du für mich bereit bist. Ich bezahle für diese Zeit, und ich möchte sie ungekürzt bekommen. Meine Zeit ist wichtig. Ich akzeptiere deine Vorwürfe, deine selbstgerechten Forderungen. Ich bin nicht so prompt oder so pünktlich, daß ich versprechen kann, nicht gelegentlich fünf Minuten länger zu brauchen, und es macht mir auch nichts aus, wenn du in diesem Punkt wie ich bist. So bin ich nun einmal. Aber bist du dir deiner Verärgerung über diese Minuten bewußt, weißt du, daß du dich vor Entrüstung aufblähst und daß deine Augen funkeln? Was versuchst du, mir über deine Gefühle mir gegenüber in diesem Augenblick zu sagen? Für welchen Zweck benutzt du meine vermeintliche Verspätung? Um zu klären, was zwischen uns geschieht, kehre ich zu deinen *Gefühlen* zurück und nicht in erster Linie zum *Inhalt* deiner Bemerkungen. Ich bin nicht auf die Minute pünktlich, aber ist es nur das, was deinen Ärger in diesem Augenblick anheizt?

So beginnen wir die Zeit, die wir zusammen verbringen, mit was auch immer eben jetzt an der Oberfläche zwischen uns da ist. Es gibt kein Programm. Wir erfinden, improvisieren, kreieren unser Drehbuch für heute. Sollen wir über Zeit sprechen, über Ärger, über Selbstgerechtigkeit, über das Sich-Aufblähen, über deine spontane Phantasie, die Therapie abzubrechen, über deine Haltung, über deine Muskelverspannungen, während all dies zwischen uns geschieht? Oder sollen wir darüber gar nicht sprechen? Sollen wir uns auf einen dieser Punkte konzentrieren und dich versuchen lassen, ein Gefühl noch intensiver zu erleben, indem du es übertreibst, noch wütender wirst, indem du schreist, Dich noch stärker aufblähst, mich absichtlich angreifst, mich anklagst, mir sagst, was für ein miserabler Therapeut ich bin?

Oder sollen wir nichts von all dem tun? Sollen wir das fallenlassen, weil gestern etwas geschehen ist, das dich aufregte und wovon du mir erzählen willst; weil du heute morgen einen Traum hattest, den du bearbeiten willst, solange er noch frisch in Erinnerung ist; weil dich dein Ärger langweilt und du zärtliche Gefühle erforschen willst, um zu sehen, ob du, statt eine Gelegenheit zu nutzen, Dampf abzulassen, das Gegenteil tun kannst, ob du als bewußtes Experiment versuchen kannst, meine Schwächen in bezug auf Zeit freundlich zu akzeptieren? Wie fühlst du dich, wenn du absichtlich Gefühle vortäuschst und mir sagst, dir gefalle meine Fähigkeit, es mit der Zeit nicht so genau zu nehmen, du fändest es erfrischend, daß ich nicht so stark an die Uhr gebunden bin; wenn du meine Freizügigkeit bewunderst, der es auf fünf Minuten mehr oder weniger in der einen oder anderen Richtung nicht ankommt?

Verstehst du, wir sind frei, mit unserer gemeinsamen Zeit zu verfahren, wie wir wollen; Seite an Seite zu bestimmen, wie wir unsere Zeit zubringen möchten; festzustellen, was angemessen erscheint und dann innezuhalten und zu überprüfen, was wir tun; zu schauen, ob wir etwas vermeiden; zu erkunden, ob wir einander genügend mögen, um vielleicht riskieren zu können, herauszufinden, was wir aneinander nicht mögen. Wovon wir uns leiten lassen, ist das Bedürfnis, bei dem zu bleiben, was zwischen uns geschieht; zu schauen, wo uns dies hinführt; zu den Punkten zurückzukehren, zu denen es uns nicht geführt hat; zu erfinden, was geschehen sein könnte; zu versuchen, den ganzen Vorfall neu zu gestalten, als ob unsere gemeinsame Vergangenheit heute morgen gar nicht stattgefunden hätte.

Mit anderen Worten, wir wandern vor und zurück zwischen jetzt und früher, zwischen dem, was geschieht und was nicht geschieht, zwischen unseren Wünschen und unseren Befürchtungen, zwischen Fakten und Phantasien, zwischen unseren Gefühlen (deinen und meinen) und unseren Gedanken. All dies klingt zu einfach. Du sagst, das Leben ist nicht so einfach, die Therapie ist nicht so einfach. Ich akzeptiere das. Warum solltest du mir genügend vertrauen, um so offen zu sein? Woher weißt du, daß ich dich nicht ausnütze, von mir abhängig mache, meine Macht benütze, um dich auszubeuten, zu verletzen, dir schade, dich zerstöre?

Die ehrliche Antwort ist, daß du nicht weißt, ob ich diese Dinge tun werde, und unsere einzige Hoffnung ist, daß du einen Teil von dir selbst *riskieren* willst, um herauszufinden, ob man mir vertrauen kann. Wenn ich vertrauenswürdig bin, dann wird dich das vielleicht ermutigen, ein weiteres Stück von dir zu riskieren und dann noch eines. Eine Gefahr ist, daß du zu schnell erklärst, du vertrautest mir völlig, und mich aufforderst, über dein Leben zu bestimmen. Wäre ich in Versuchung, so würde ich vielleicht darauf hinweisen, wie sehr mir dein Angebot schmeichelt, aber dennoch höflich ablehnen. *Du* und niemand sonst bist *verantwortlich* für dein Leben. Ich kann nicht die Verantwortung für das Leben eines Erwachsenen übernehmen, außer für mein eigenes. Für mein eigenes Leben verantwortlich zu sein, ist alles, wozu ich imstande bin.

Du stellst mich auf die Probe. Darfst du rauchen, deine Asche auf meinen Perserteppich fallenlassen, deine Füße auf meinen Kaffeetisch stützen? Ja. Darfst du fluchen, dich beklagen, meckern, *quengeln?* Ja. Mußt du Schuldgefühle haben, weil du deinen Chef, deine Eltern, deinen Ehemann oder Liebhaber, deine Freunde nicht magst? Nein. Darfst du wütend auf mich sein, ohne dafür bestraft zu werden? Ja. Darfst du weinen, ohne dich zu schämen, dich gedemütigt zu fühlen und ohne daß es dir oder mir peinlich ist? Ja. Darfst du furzen? Ja, aber ich werde es nicht mögen und ich werde dir das sagen.

Darfst du zu spät kommen, Termine vergessen, deine Rechnung verspätet bezahlen? Ja, aber diese Dinge können Themen der Erörterung werden, wie es umgekehrt auch der Fall wäre, wenn du in allen diesen Dingen extrem zuverlässig wärest.

Höre ich dir zu, wenn du mit mir sprichst, erinnere ich mich an das, worüber du gesprochen hast, merke ich mir die Namen der wichtigen Personen in deinem Leben? Ich bemühe mich darum, und zum Glück habe ich ein ziemlich gutes Gedächtnis, so daß ich mich manchmal sogar an Ereignisse erinnere, von denen du vergessen hast, daß du mir davon erzähltest. Mußt du mich wegen meines Gedächtnisses bewundern, mich mit einem Kompliment bestechen? Nein, ich bin ziemlich locker in bezug auf mein Gedächtnis.

Fängst du an, mir ein bißchen zu vertrauen? Gut. Dann werde ich die Einsätze erhöhen. Darfst du mich jederzeit anrufen, wenn du dich elend fühlst? Darfst du eine Sitzung absagen, ohne dafür bezahlen zu müssen? Darfst du eine Dienstreise oder einen Urlaub machen, ohne mir darüber berichten zu müssen? Darfst du dir kleine Summen von mir ausleihen? Die Antwort ist wahrscheinlich ja, obwohl wir, je nachdem, um wen es sich handelt, darüber sprechen könnten.

Darfst du unter Einwirkung von Drogen oder betrunken zu mir kommen? Ja, aber ich verspreche nicht, daß sich die Sitzung lohnen wird. Ich werde dich auffordern, die Verantwortung dafür zu übernehmen, aber ich werde dir keine Vorwürfe machen und auch nicht versuchen, dir deshalb Schuldgefühle zu machen.

Darfst du mich sexuell erregen? Ja. Kannst du mich verführen? Ich bezweifle es. Ich ziehe es vor, mein Sexualleben von meinem Leben als Therapeut zu trennen. Ich hatte dieselbe Einstellung, als ich unterrichtete. Es ist zu leicht, unter Studentinnen oder Patientinnen Eroberungen zu machen, und wenn der Sex vorbei ist, würdest du dich wahrscheinlich betrogen und benutzt fühlen. (Nicht alle werden mir da zustimmen, aber so sehe ich es.) Obwohl du mich wahrscheinlich nicht verführen kannst, gebe ich zu, daß ich in Versuchung geraten kann.

Darfst du mich mitten in der Nacht anrufen, wenn du in großer Not bist? Darfst du in Monaten, in denen du arbeitslos bist, deine Rechnung nicht bezahlen? Darfst du mich um eine Empfehlung für einen potentiellen Arbeitgeber oder einen Berufungsausschuß bitten? Ja, aber wir können auch über diese Dinge sprechen.

Ich möchte nicht mit einer nur gebenden, absolut akzeptierenden Mutter verwechselt werden. Der Grund meiner Nachgiebigkeit ist manchmal, daß ich etwas »nur dieses eine Mal« durchgehen lasse, manchmal das Bedürfnis, dich zu erreichen, manchmal ein Beweis von Interesse, manchmal eine menschliche Geste, manchmal ein kalkuliertes Risiko, daß du nicht versuchst, mich zu manipulieren oder auszunutzen. Du siehst also, auch ich gehe Risiken ein. Und wenn ich einen Fehler mache und du mich ausnutzt, dann ist das eine sehr nützliche Erkenntnis für mich. Es ist eine kostspielige Methode des Lernens, aber ich finde sie dennoch lohnend. Und wenn du daran interessiert bist, dann kannst auch du etwas daraus lernen.

Wie kannst du mich sonst noch auf die Probe stellen? Wie kann ich dir sonst noch meine Unterstützung anbieten? Darfst du mich berühren, streicheln, umarmen? Ja, ebenso wie auch ich dasselbe mit dir tun werde, solange uns beiden klar ist, daß dies kein Vorspiel zu einer sexuellen Begegnung ist. (Bist du sicher, bist du wirklich sicher, sagen die ungläubigen Thomasse, für die Sex so elektrisierend und überwältigend ist. Nun, ich kann nur antworten, daß ich sowohl als Therapeut als auch als Mensch zuversichtlich bin, daß ich vermitteln kann, wann ich Lust auf Sex habe und wann ich freundlich bin, und vielleicht hatte ich besonderes Glück, daß niemand je so weggetreten war, daß er/sie nicht den Unterschied merkte.) Darfst du mit dir selbst spielen, deine Genitalien und Brüste streicheln, deine Scham in einem Minirock zur Schau stellen? Ja, aber ich werde dich darauf hinweisen und dich fragen, was in dir vorgeht. Ich werde versuchen, meine Frage nicht vorwurfsvoll klingen zu lassen, aber ich werde dich auffordern, zu dem zu stehen, was du tust. Dein Tun mag mir vielleicht gefallen, aber in diesem Augenblick gestehe ich, hartnäckig zu sein. Mir schwebt etwas anderes für uns beide vor.

Mußt du mir alles erzählen, was du denkst und was du fühlst? Nein, ich akzeptiere dein Recht auf eine Intimsphäre, selbst mir gegenüber, aber ich werde dich nach deinen Gründen fragen, mir Dinge zu verschweigen. Ich möchte verstehen, was dich veranlaßt, mir Gefühle und Gedanken vorzuenthalten.

Werde ich dir sagen, was ich fühle und denke? Sehr wahrscheinlich, aber ich werde dich vielleicht fragen, warum du es wissen willst. Vielleicht sage ich es dir, und sei es nur, um deine Neugier zu befriedigen, aber ich hoffe dabei vielleicht auch, daß meine eigenen Gedanken und Gefühle, die ich dir mitteile, von Belang für dein eigenes Erleben in diesem Augenblick sein könnten.

Kannst du mir deine verrückten, verbotenen, unverzeihlichen Gedanken mitteilen — daß du deinen Mann umbringen und mit deinem Sohn schlafen möchtest, daß du mit einer anderen Frau Oralverkehr haben möchtest, daß du schmutzige Unterwäsche trägst, daß dich dein Lieblingshund unten schleckt und daß es dir gefällt, daß du nie mehr arbeiten möchtest und dich am liebsten bis an dein Lebensende von deinem Vater erhalten ließest, daß du eifersüchtig auf den Erfolg deiner Schwester bist? Ja, du kannst mir all dies und noch mehr erzählen und ich werde es akzeptieren. Und ich werde vielleicht darauf antworten, daß du mit diesen Gedanken, Wünschen und Befürchtungen nicht allein bist. Vielleicht werde ich dich auch ermuntern, eine Phantasie mit mir zu durchleben, ja in deiner Vorstellung genau die Tat zu begehen, die dir solche Angst macht und nach der du dich so sehnst. Gemeinsam können wir irgendein besonders köstliches, schmutziges, schweinisches und anrüchiges Detail explorieren. Mit anderen Worten, wir können deine erschreckendsten Phantasien aus dem Schrank lassen und ihnen Gelegenheit geben zu atmen und dann zusehen, was mit dir und mit ihnen geschieht.

Meine Aufgabe ist es, deine Gedanken und Gefühle zu akzeptieren, ohne Tadel, Strafe, Schuld und Ekel zuzuweisen, so daß du freier werden kannst, ihre größeren Zusammenhänge zu erforschen: mit welchen anderen Gedanken und Gefühlen sie verbunden sind, welche andere Phantasien sie provozieren, was wir jetzt und hier in meiner Praxis tun können, um sie weiter zu erhellen. Vielleicht inszenieren wir die gefürchteten Handlungen im Spiel, wobei du zuerst deinen gefürchteten-gehaßten-geliebten-Feind-Freund spielst und dann die Rolle tauschst und ich diesen Part übernehme. Was geschieht jetzt und wie siehst du die Situation, welche Gefühle löst sie bei dir aus? Was ist neu für dich? Wie hast du dich verändert, falls überhaupt? Und wenn nichts von irgendwelcher Bedeutung geschehen ist, nun, dann bin ich mit diesem Versuch fehlgegangen, und ich werde etwas anderes probieren. Wenn ich es mit einer zweiten Taktik versuche und immer noch scheitere und mit einer dritten und vierten, dann werde ich argwöhnisch und weise darauf hin, daß ich gewöhnlich nicht so vernagelt bin und daß vielleicht etwas anderes geschieht.

Vielleicht verschwenden wir unsere Zeit miteinander. Vielleicht willst du nicht, daß etwas geschieht; deine Angst ist noch zu groß, du fühlst dich zu sehr bedroht. Nun, dann liegt es bei uns, das Thema fallenzulassen und zu einem anderen Zeitpunkt darauf zurückzukommen. Nochmals, es ist nicht nötig, Schuld oder Tadel zuzuweisen. Wir haben es heute probiert, und wir werden es später wieder versuchen. Ich brauche nicht in jeder therapeutischen Begegnung zu triumphieren, und du brauchst nicht deine Abwehrmechanismen, deinen Widerstand aufzugeben. Stattdessen haben wir heute beide erfahren, wie stark sie sind, wie du fortfährst, jede Exploration zu blockieren. Vielleicht wäre es daher sinnvoll, deine Blockade zu untersuchen, dich um eine ausführliche Beschreibung des Hemmnisses zu bitten, wie es sich anfühlt, als was es erscheint. Ich kann dich dann auffordern, dein Hemmnis zu werden, mit deinem Hemmnis ein Gespräch zu führen, so daß es dir klarer wird, so daß du dir stärker seiner bewußt wirst, so daß es nicht als etwas Fremdes, von dir Getrenntes erlebt wird, als ein nicht angeeigneter Teil von dir selbst.

Aber, fragst du, ist es nicht gefährlich, zuviel Vertrauen zu fördern? Werde ich dich nicht von mir abhängig machen, werde ich nicht zu wichtig in deinem Leben werden? Ja, dies sind Gefahren, obwohl sie von meinem Standpunkt aus in etwas anderem Licht erscheinen. Ich mag abhängige Menschen nicht. Ja ich weiß nicht einmal, ob ich weiß, was das Wort bedeutet. Ich kann dir aber sagen, daß ich Menschen nicht mag, die meinen Standpunkt herauszufinden suchen, damit sie ihn nachahmen können, ich mag keine Arschkriecher, ich mag Leute nicht, die mich beim geringsten Anlaß anrufen, um mich nach meiner Meinung zu fragen. Wenn ich Ferien mache, möchte ich das gute Gefühl haben, daß du imstande sein wirst, selbst für dich zu sorgen.

Ich mißtraue auch deinen Versicherungen, wie mächtig ich bin, daß du ohne mich nicht leben kannst, wie ich dein Leben bestimme. Ich weise dich gern darauf hin, daß du, wenn ich schon so mächtig bin, netterweise deine verdammte Neurose ablegen solltest, damit ich mich als der große Guru fühlen kann, der schneller heilt als alle anderen. Wenn ich so einflußreich und mächtig bin, bist du dann bereit, ehrenamtlich für soziale Institutionen zu arbeiten, die ich für wichtig halte, hörst du auf, deine übelriechenden Zigaretten zu rauchen, schaffst du dir eine siamesische Katze an, die du streicheln und liebhaben kannst? Nein, natürlich nicht, außer du hast das selbst beschlossen. Soviel zum Thema meiner großen Macht und deiner hilflosen Abhängigkeit.

Die einzige Macht, die ich habe, ist diejenige, die du mir aus freien

Stücken überträgst. Darüber sollten wir uns beide im klaren sein. Es fällt mir schon schwer genug zu erkennen, ob du bereit bist, mir zu vertrauen, als daß ich den Versuch machen wollte, dein ganzes Leben gegen deinen Willen auf den Kopf zu stellen. Ich finde das zwar eine interessante Idee, die im einzelnen zu explorieren wäre, aber nach meinen Erfahrungen mit dir kann ich ihr keinen großen Glauben schenken. Ich bin ja schon froh, wenn ich erreiche, daß du mich ansiehst, dem zuhörst, was ich sage, darüber nachdenkst, es hin und her wälzst, um zu sehen, ob es zutrifft, und falls ja, wenn du dann einiges davon in deinem Leben ausprobierst. Ich sollte hinzufügen, daß ich hocherfreut bin, wenn ich, dieser mächtige Mensch, dich dazu bringen kann, einigermaßen rechtzeitig deine Rechnungen zu bezahlen.

Aber, protestierst du, du hörst mir ja zu und schenkst meinen Worten Beachtung. Gut. Denn kommst du nicht deshalb zu mir, um zu hören, was ich dir zu sagen habe? Was ist aber, wenn du mir schmeicheln kannst, indem du meinen Worten allzu eifrig lauschst und sie dann sofort in die Tat umsetzt, wenn du sie voll Liebe und Bewunderung mir gegenüber zitierst? Dann muß ich klug genug sein, mich nicht zum Narren zu machen und dich darauf hinzuweisen, was du da tust. Ich brauche ehrlich keine billige Schmeichelei oder Nachahmung.

Was geschieht dann aber mit der Übertragung, protestierst du, denn du bist gebildet und hast ein oder zwei Bücher gelesen. Ja wahrscheinlich bist du vor mir schon bei einem oder zwei Therapeuten gewesen, da die Gestalt-Therapie bis vor kurzem ihre Anhänger aus der Gruppe derjenigen bezog, die bereits irgendeine andere Form von Psychotherapie ausprobiert hatten und enttäuscht worden waren. So war es in meinem Fall. Ich hatte zweieinhalb Jahre lang fünfmal wöchentlich einen Psychoanalytiker aufgesucht. Obwohl ich nicht das Gefühl habe, daß mir diese Erfahrung schadete, glaube ich auch nicht, daß sie mir nutzte. Ich kann mich wirklich nicht an viele meiner 650 Sitzungen erinnern. Dagegen erinnere ich mich deutlich an meine Stunden bei Laura Perls und Isadore From, meine Gestalt-Therapeuten. Meine Gestalt-Sitzungen waren immer (ja, in diesem Fall kann ich das definitive Wort *immer* benutzen) lebendig, voll Spannung und interessant. Insbesondere erinnere ich mich des frischen Eindrucks, den diese beiden Therapeuten auf mich machten, ihre Präsenz, ihre Bemühungen, mit mir in Kontakt zu kommen, die Anregungen, Gefühle und persönlichen Erfahrungen, die sie mir mitteilten. Übrigens denke ich an Laura und Isadore nicht nur als meine ehemaligen Therapeuten, sondern als hochintelligente, aufregende, lebendige, warmherzige Menschen. Sie versuchten nicht, sich vor mir zu verstecken, damit ich, basierend auf meinen eigenen Projektionen, eine stärkere Übertragung entwickeln würde. Nein, ich fand andere Möglichkeiten zur Projektion, wenn es sein mußte. Was meinen Projektionen auch entgegenwirkte, waren meine eigenen starken Eindrücke von diesen außergewöhnlichen Menschen.

Du wirst sagen: »Aha, er hat eine unabgelöste Übertragung auf seine früheren Therapeuten, und das limitiert ihn wahrscheinlich auch in seiner Arbeit mit mir.« Nun, so könnte man die Situation auch sehen. Wenn alles, wenn jede Erfahrung im Hinblick auf irgendeine andere Erfahrung betrachtet werden muß, nun, dann wäre es sinnvoll, alles, was gesagt wird, im Hinblick auf etwas anderes zu interpretieren. Trotzdem müßte man dann eine Erklärung für die Tatsache finden, daß ich nicht alle Gestalt-Therapeuten mag, daß ich in Workshops auch mit anderen Therapeuten gearbeitet habe und daß ich für diese anderen Therapeuten nicht dasselbe empfinde. Kannst du zumindest die Möglichkeit ins Auge fassen, daß mein Bild von Laura und Isadore nicht nur durch meine früheren Erfahrungen als Praktikant basiert, sondern auch auf dem, was andere, die nicht Patienten oder Praktikanten sind, in ihnen sehen? Ich wünschte, daß du Gelegenheit hättest, sie selbst kennenzulernen und dann zu urteilen.

Ich versuche, interessant und lebendig zu sein. Auf meine eigene Weise. Dies ist eine wichtige Feststellung, denn wenn ich mir Laura und Isadore einverleibe, dann habe ich so lange einen Teil meines Selbst eingebüßt, bis ich das assimilieren kann, was ich von ihnen übernommen habe. Ich muß es zu einem Teil meiner selbst machen. Wenn ich ein Duplikat von ihnen werde, dann mißbrauche ich sowohl uns beide als auch sie. Meine Aufgabe, ebenso wie die deine, ist es, von einer Therapeutin das zu übernehmen, was mich kräftigt, und es zu verdauen, es abzubauen (in kleine Bisse zu zerteilen), so daß ich ein Teil davon werde und es ein Teil von mir wird. Dann ist es mein, und ich habe eine neue Form hervorgebracht, die keine Miniaturausgabe der einverleibten Isadore oder Laura ist.

Ebenso bist du frei, dir Teile von mir zu nehmen, zu borgen oder zu stehlen, mit denen du vielleicht experimentieren willst. Anfangs wirst du dich wahrscheinlich unbeholfen und linkisch damit fühlen. Gut. Jede neue Aktivität, jedes Wachstum beginnt gewöhnlich mit einer Phase der Unbeholfenheit. Du kannst dich peinlich oder seltsam berührt fühlen. Gut. Peinlichkeit und Ungeschicklichkeit zu riskieren, führt oft zu neuem Verhalten oder Bewußtheit. Du mußt dieses neue Gefühl von etwas Fremdem, das hinzugekommen ist, aushalten, bis du es allmählich vergißt und es so bequem wird wie ein alter Schuh, deine charakteristische Redeweise oder dein Gang. (Irgendwann im Verlauf deiner Therapie werde ich dich vielleicht auch bitten, deiner Redeweise oder deinem Gang besondere Aufmerksamkeit zu schenken. Aber das ist eine andere Sache, über die wir ein andermal sprechen werden.)

Laß es mich noch einmal ganz deutlich sagen. Ich versuche in unseren Sitzungen, soweit wie möglich ich selbst zu sein. Ich möchte, daß du auf mich reagierst. Ich bin nicht dein Vater — deine Mutter — dein Bruder etc. Weder will ich es sein, noch möchte ich dich dazu ermuntern, mich dafür zu halten. Wenn du ein wichtiges unerledigtes Problem mit ihnen hast, dann wirst du es in unseren Sitzungen vorbringen, dessen bin ich sicher. Du brauchst mich nicht mit deinen »Bezugspersonen« zu verwechseln, um das zu tun. Ich kann mich darauf verlassen, daß du das mit mir ziemlich ungezwungen tun wirst. Wenn du mir entgegnest, je mehr ich ich selbst bleibe, desto weniger Gelegenheit hast du, mich als leeres Blatt zu gebrauchen, auf das du Dinge projizierst, nun, darauf kann ich antworten, je mehr ich mich unwirklich und zu einem leeren Blatt mache, desto weniger Chancen hast du, einem wirklichen Menschen zu begegnen. Wenn du auch nicht alle deine Probleme mit mir durcharbeiten kannst, glaube ich dennoch, daß du besser vorankommen wirst, wenn ich ich bin, als wenn ich mich in einer beschränkten, sich wiederholenden, stereotypen Weise als unbeschriebenes Blatt präsentiere. Ein unbeschriebenes Blatt hat nur eine begrenzte Zahl von Verwendungsmöglichkeiten. Irgendwann würde ich dann doch Teile von mir zeigen müssen, und warum sollten wir uns beide der Illusion hingeben, daß ich mich nicht enthülle, indem ich die Rolle eines unbeschriebenen Blattes spiele? Da ist immer noch die Lage meiner Praxis, meine neutralen, indifferenten Möbel, meine indifferente Stimme, meine indifferenten Kleider. Hat all diese Indifferenz keine Wirkung auf dich? Möchtest du nicht brüllen? Was mich betrifft, so bin ich zu egoistisch, dem Konzept der Übertragung soviel von mir zu opfern, als daß ich mich in eine solche Marionette verwandle. Nein, du wirst dich mit mir einschließlich meiner Warzen abfinden müssen. Und es ist meine Überzeugung, daß das für uns beide so besser ist.

Du protestierst. Du willst nichts über mich wissen. Du möchtest, daß ich eine geheimnisvolle Figur bleibe. Auf diese Weise kann ich dir nützlicher sein, als distanzierter, wohlwollender Doktor, als versierter Techniker. Dann möchte ich wissen, warum du mich darauf reduzieren willst. Woher kommt dein Bedürfnis, mich zu einer so kleinen Figur zu machen? Wie kommt es, daß du so bereit bist, mir von dir zu erzählen, aber nicht bereit, etwas über mich zu erfahren? Hast du dir psychoanalytische Ideen angeeignet? Wo ist deine natürliche Neugier geblieben? Ziehst du es vor, mich aus der hohlen Hand zu erfinden, zu sagen, wer ich bin, ohne Anhaltspunkte zu haben? Gut, jetzt würde ich dich auffordern, mich zu erfinden. Sag mir jetzt, für wen du mich hältst, welche Art von Leben ich deiner Meinung nach führe. Nimm ein leeres Blatt und fülle es, aber bewußt, als ein Experiment. Siehst du, wir können das unbeschriebene Blatt auch benutzen, wenn wir es wollen, und zwar auf unsere eigene Weise. Nicht, indem ich dich durch meine Indifferenz auf unbewußte Weise zwinge, das Bild von mir zu vervollständigen, sondern absichtlich, als Maßstab deiner Kreativität, als bewußte Beteiligte, als aktive, verantwortliche Partnerin sollst du dein Bild von mir vervollständigen, um zu sehen, was wir daraus über dich und deine Bedürfnisse erfahren können. Hier wirst du nicht in die Irre geführt, sondern du gehst offen an mich heran, um mich auf diese Weise zu erforschen.

Schauen wir uns jetzt deine Schöpfung an. Ich bin ein gütiger, sanfter Mensch, immer bereit, anderen zu helfen. Ein zu saccharinsüßes Bild. Vielleicht hast du das Bedürfnis, mich zu besänftigen, an eine passive Vaterfigur zu glauben. Nein, du siehst mich als eine starke, dominierende Figur, die dazu neigt, andere zu beherrschen, wenn auch zu deren eigenem Wohl. Dann fürchtest du dich vielleicht vor Autorität, oder du möchtest, daß ich sie stärker ausübe. Welche der beiden Möglichkeiten stimmt? Du siehst in mir einen habgierigen, manipulierenden Juden. Dann bist du sicher wütend auf mich, aber worüber? Du siehst mich als einen zärtlichen, liebevollen, beruhigenden Menschen. Aber sicher verwechselst du mich mit irgendeinem idealen Therapeuten, den du gern hättest, der es vermeidet, dich mit deinen Problemen zu konfrontieren. Du siehst mich als langweiligen, spießigen, wichtigtuerischen Windbeutel. Na gut, den Windbeutel lasse ich mir zum Teil gefallen, aber im übrigen muß ich dich bitten, dich zu fragen, ob du mich nicht mit dir selbst oder jemand in deiner Umgebung verwechselst.

Vielleicht hast du aber im Grunde doch recht. Vielleicht bin ich langweilig. Im Augenblick fühle ich mich des Sprechens müde. Laß uns ein paar Minuten schweigend dasitzen und sehen, wie das ist.

Jetzt ist kaum eine Minute vergangen und du wirkst nervös und unruhig.

Ist dir bewußt, wie deine Augen herumflitzen, in alle Richtungen blicken, wie du mit deinen Fingern an deinem Mund zupfsf? Nein? Dann unterbrich das bitte nicht, bloß, weil ich deine Aufmerksamkeit auf diese Dinge gelenkt habe. Bitte mach das weiter. Was ist das für ein Gefühl? Du bist nicht sicher; dann fahre damit fort, aber verstärke es. Was empfindest du jetzt, was denkst du? Du sagst, wenn du auf deine Augen achtest, spürst du, daß du nach einem Schlupfloch suchst, einer Gelegenheit, da draußen etwas zu finden, worüber wir reden könnten; du sagst auch, wenn du an deiner Lippe zupfst, dann bist du in einer kritischen Stimmung, du überlegst und beurteilst, worüber es sich lohnen könnte zu reden. Nun, lassen wir deine herumflitzenden Augen zu deinem gezupften Mund sprechen. Laß jetzt einen Dialog zwischen diesen beiden Teilen deiner selbst stattfinden. Schauen wir, was dabei herauskommt.

Du fühlst dich albern. Gut, akzeptieren wir das und gehen wir von da aus weiter. Gestatte dir, albern zu sein und weiterzumachen. Gut. Was kommt dabei heraus? Dein gezupfter Mund verfolgt deine herumflitzenden Augen. Die Augen protestieren und beklagen sich; sie wollen nicht kritisiert werden. Dein Mund fährt fort zu tadeln, aber deine Augen rebellieren. Sie weigern sich zuzuhören; sie weigern sich, weiterhin herumzuflitzen. Sie stehen still und hören auf zu flitzen. Dein Mund hört auf, sie zu tadeln. Im Augenblick bist du in Frieden mit dir.

Wie oft führst du einen ähnlichen Krieg mit dir selbst? Antworte mir nicht jetzt, aber kannst du in Zukunft auf diese Momente achten, in denen ein Teil von dir einen anderen Teil von dir tadelt und kritisiert, der sich von dem anderen Teil einschüchtern läßt? Wer sind diese Teile? Kannst du ähnliche Dialoge zwischen deinen kriegführenden Teilen abhalten, so daß du sie besser erkennst und selbst zwischen ihnen Frieden stiften kannst?

Ist dir bewußt gewesen, wie du geatmet hast, während all dies ablief? Nein, nun, würdest du bitte jetzt auf deine Atmung achten und mir sagen, wie du atmest? Laß mich diese Frage später beantworten. Achte zuerst auf deine Atmung.

Du sagst mir, daß deine Atmung flach ist, daß sie in kleinen Zügen erfolgt, daß sie sich auf deine Brust beschränkt. Du sagst auch, du habest das Gefühl, deine Brust sei eingeschnürt, als ob dein Brustkasten tatsächlich ein Kasten wäre, der deine Atmung behindert. Ich bitte dich jetzt, diese Atmungsweise zu übertreiben, rascher und noch flacher einzuatmen. Gut. Jetzt sagst du mir, daß du anfängst, dich etwas schwindlig, etwas ängstlich zu fühlen. Gut. Jetzt bitte ich dich, deine Atmung umzukehren. Verlangsame sie. Presse deine Atemluft heraus, bis hinunter zum Bauch, und drücke deinen Bauch flach gegen deine Magenwände. Nein, du brauchst nicht absichtlich einzuatmen. Bloß, indem du die Luft aus deinem Bauch herauspreßt, wirst du automatisch einatmen und dich mit einem tiefen Atemzug füllen. Wie fühlst du dich jetzt? Viel besser. Jetzt kannst du vielleicht deine frühere Frage beantworten, welche Bedeutung die Atmung hat. Wenn du dir selbst absichtlich Angst machen willst, dann atme in kurzen, flachen Zügen. Und wenn du dich selbst unterstützen willst, damit du Dinge bewältigen kannst, die nötig sind, dann sorge dafür, daß deine Atmung aus deinem Bauch kommt. Moment mal, was ist eben mit deiner Atmung passiert? Während ich eben mit dir redete, hast du völlig aufgehört zu atmen. Nun, was habe ich eben über Atmung gesagt? Du erinnerst dich nicht. Nun, das ist ein alter Trick — nichts hereinzulassen, indem man nicht mehr zuhört und nicht mehr atmet. Vielleicht ist das deine Methode, um mir mitzuteilen, daß du für heute genug hast. Ich fühle mich auch fertig, deshalb laß uns hier aufhören und nächste Woche zur selben Zeit beginnen.

2. Du bist nicht deine Diagnose

Und was ist mit der Diagnose? Nun, was ist damit? Eine Diagnose ist eine beschränkte Methode, einen Menschen auf einen Begriff zu reduzieren. Einen Menschen als schizophren, als zwanghaft oder als persönlichkeitsgestört zu bezeichnen, sagt mir kaum mehr, als wenn du ihn als Vater, Onkel, Arbeiter oder Freund bezeichnen würdest. Ja faktisch weniger, denn der Schizophrene des einen Klinikers ist der Hysteriker des anderen; der Zwanghafte des einen ist das blockierte Gewohnheitsmuster des anderen; was für den einen eine Persönlichkeitsstörung, ist für den anderen eine Perversion und für den dritten nichts weiter als ein Privatvergnügen.

Ich finde es als Therapeut unendlich viel nützlicher, in viel kleineren Verhaltenseinheiten zu denken — was tust du in diesem Augenblick, wie reagierst du eben jetzt, was empfindest du jetzt, was denkst du jetzt? Wenn ich in einer atheoretischen Weise verfahre und globale Diagnosen aufschiebe, bin ich in einer viel besseren Position, dir eben jetzt in diesem Augenblick nützlich zu sein.

Eben jetzt möchte ich über »Diagnose« und die Unterschiede zwischen der Gestalt-Therapie und anderen Behandlungsformen sprechen. Um diese Unterschiede zu veranschaulichen, möchte ich mich auf kurze Episoden in der Arbeit mit verschiedenen Personen beziehen. Ich möchte hier jedoch keine Namen erfinden. Etwas lehnt sich in mir dagegen auf, falsche Namen wie Harry, Susan, Thomas oder Liza zu benutzen. Nach meinem Dafürhalten wird dadurch ein falscher Eindruck von Intimität und Wahrheit hervorgerufen, außerdem rufen diese Kurzportraits (Mary ist eine attraktive 38-jährige Lehrerin, die noch nie verheiratet war...) den falschen Eindruck hervor, schau her, ich erzähle dir, dem Leser, was über diese Person wissenswert ist; ich gebe dir einen Tip, worauf es ankommt. Ich möchte deshalb zur Identifizierung der Personen, über die ich schreiben werde, keine Angaben über den Namen, das Alter, ja sogar das Geschlecht machen. Da ich persönliche Fürwörter verwende, wird das Geschlecht natürlich offenbar, und das ist zulässig. Es geht mir ja schließlich nicht um Vertuschung, sondern darum, ein falsches Gefühl der Unmittelbarkeit, Intimität und des »Alles-Sagens« zu vermeiden.

Was ich in diesem Kapitel tun möchte, ist, mich nicht auf einzelne und deren Persönlichkeitsaspekte zu konzentrieren. Ich schreibe hier nicht über wirkliche Menschen; ich benutze ein Fragment des Geschehens zwischen uns zur Verdeutlichung nicht seiner Psychodynamik, sondern der verschiedenen Mittel, die ein GestaltTherapeut in einer bestimmten Situation einsetzt.

Später werde ich Namen und andere Identifikationsmittel verwenden, aber man sei sich bitte bewußt, daß ich dann nicht alles sage, was wichtig ist, und man daher nicht glauben darf, über den Betreffenden Bescheid zu wissen; vielmehr betrachte ich die Informationen als begrenzte Etiketten, die lediglich für den Augenblick nützlich sind.

Lassen Sie mich mit Ein beginnen, eine Abkürzung für Einsamkeit. Eins Ehemann ist mit ihrer besten Freundin durchgebrannt. Ich finde es wenig sinnvoll, Ein als eine passive, latent lesbische, verschlossene, isolierte, aggressive Frau zu diagnostizieren, die keinen Kontakt zu ihrer Wut hat und in der Phantasie lebt. Stattdessen finde ich es viel nützlicher, Eins Schmerz zu spüren, ihr als Mensch Mitgefühl und Unterstützung zu bieten und sie wissen zu lassen, daß sie hier ihren Schmerz äußern kann und daß er akzeptiert werden wird. Später kann ich sie fragen, Wie kommt es, daß sich ausgerechnet dein Mann und deine beste Freundin ineinander verliebten? Welche Rolle hast du bei all dem gespielt? Was hast du von all dem, das befriedigend für dich ist? Um Ein bei diesen Fragen zu helfen, brauche ich sie weder zu diagnostizieren, noch diese Fragen theoretisch zu beantworten.

Später können wir, wenn es sich für Ein als nützlich erweisen sollte und falls sie daran interessiert ist, herausfinden, was Sex für sie bedeutet, wie sie Sex mit ihrem Mann erlebte, wie ihre eigenen genitalen Reaktionen sind, ihre sexuellen Phantasien, wie ihre Beckenbewegungen sind, wie sehr sie Sex genießt, die Qualität ihrer Orgasmen, etc. etc. Aber nur, wenn dies nützlich für Ein ist. Und ich brauche immer noch keine Diagnose und keinen Therapieplan.

Und was ist mit Beatrice, die sich verraten fühlt? Sie wurde von ihrem Partner nach fünf Jahren gemeinsamen Lebens verlassen. Auch hier finde ich es wenig sinnvoll, Beatrice als eine feindselige, fordernde, aggressive, phallische Frau zu diagnostizieren, bei der geringsten Provokation bereit, ihren Partner zu kastrieren. Ebensowenig finde ich es nützlich, Beatrice als eine angsterfüllte, von Phantasien geplagte, narzißtische Charakterstörung zu betrachten. Vielmehr möchte ich ihr trotz dieses emotionalen Schlags für ihre Eitelkeit zunächst das Gefühl geben, daß sie trotzdem ein wertvoller Mensch sei, der Respekt verdient. Mein Plan ist daher, Beatrice davon abzuhalten, ihren Haß gegen sich selbst zu wenden, und ihr zu helfen, Selbstachtung und eine gewisse Distanz zu ihrem augenblicklichen Schmerz zu gewinnen. Sobald sich Beatrice dann wieder mit sich im reinen fühlt, können wir untersuchen, welche Art von Beziehung sie hatte, die in dieser Art des Verlassenwerdens gipfeln konnte. Ich kann über ihre Beziehung aufgrund ihrer fordernden Haltung mir gegenüber, der Schnelligkeit, mit der sie mich angreift, und über ihr Verhalten gegenüber ihrem Freund spekulieren. Bisher brauche ich keine Diagnose, ich brauche bloß den Kontakt zu Beatrice und ihrem gegenwärtigen Standort aufrechtzuerhalten.

Hier wird man mich vielleicht fragen, ob ich Beatrice nur beschwichtige. Darauf antworte ich, daß ich auf Beatrices Bedürfnisse in diesem Augenblick reagiere. Sie fühlt sich verlassen und verraten. Solange diese Gefühle ihr Leben beherrschen, wird sie wenig Energie zur Verfügung haben, um sich damit auseinanderzusetzen, wie dies passierte, mit ihrem eigenen Anteil daran. Sobald sie ein besseres Gefühl in bezug auf sich selbst hat, können wir uns mit bedrohlicheren Fragen befassen. Ich versuche weder das Wahrheitsspiel mit ihr zu spielen, noch möchte ich sie zwingen, sich größere Brocken vorzunehmen, als sie in diesem Augenblick verdauen kann. Sobald sie dazu bereit ist, werde ich sie auffordern, größere Segmente ihres Lebens zu betrachten.

Sollte Beatrice anfangen, mich als eine Autorität zu behandeln, deren Aufgabe es ist, ihre Probleme zu lösen, sollte sie anfangen, sich über meine Versuche zu beschweren, sie zu beurteilen oder zu beherrschen, dann würde ich es wahrscheinlich für nützlich halten, sie zu fragen, wann und wo sie in der Vergangenheit dasselbe empfunden hat. Vielleicht gegenüber ihrem abwesenden Partner, vielleicht gegenüber ihrem Vater, vielleicht gegenüber ihrer Mutter. Doch ich werde von größerem Nutzen für Beatrice sein, indem ich mich eng an das halte, was sie mir berichtet, was sie hier mit mir erlebt, als indem ich sie dazu dränge, eine ödipale Situation mit mir zu reproduzieren.

Gil hat starke Schuldgefühle. Er kann weder einen Job, noch einen Freund oder einen Liebhaber halten. Er ist ständig verschuldet. Ich finde es praktisch nutzlos, ihn als homosexuell zu kategorisieren. Aus meinen Gesprächen mit ihm erfahre ich, daß er besonders starke Schuldgefühle in bezug auf die Wahl seiner Sexualpartner hat. Er fühlt sich wertlos, zu einem schäbigen Leben verdammt, hoffnungslos einen Job und einen Liebhaber gegen den anderen austauschend, und er findet dabei wenig Erfüllung. Ich finde es von geringem Wert, seine schizoide Distanzierung zu diagnostizieren, seine mangelhafte Fähigkeit, tiefgehende persönliche Beziehungen aufzubauen. Stattdessen möchte ich Gil seiner Misere entreißen, indem ich ihm Hoffnung biete. Ich versuche nicht, seine rastlose Suche zu unterstützen, stattdessen weise ich ihn darauf hin, daß es ihm wahrscheinlich nicht gelingen wird, sein Leben zu verändern, solange er nicht zuerst sich selbst akzeptiert. Ich rate ihm, im Augenblick keine Veränderungen vorzunehmen, sondern bei dem zu bleiben, was er empfindet, mit seinem Selbstekel in Kontakt zu kommen, sein Gefühl der Sünde bewußt zu erleben, zu erkennen, daß er der Regisseur seiner trostlosen Affären ist, jetzt und hier die Verantwortung für die Tatsache zu übernehmen, daß sein Leben so unbefriedigend ist, daß er Schulden hat. Welchen Bedarf an einer Diagnose habe ich also an diesem Punkt? Dennoch bin ich nicht so sicher, daß ich bereit bin, die Ausbildung, die ich genossen habe, zu ignorieren, wenn ich sie auch im Augenblick zur Seite schiebe.

Bill versucht, mir seinen Willen aufzuzwingen. Er ist ein gesprächiger, aggressiver Mann, der eine Geschichte zu erzählen hat. Er hat seinen Lebenslauf verfaßt und besteht darauf, obwohl ich geringes Interesse zeige, mir beginnend mit frühen Erfahrungen, seine Version zu erzählen. Wenn ich ihn unterbreche, um ihm Fragen zu stellen, vermeidet er es, mir zu antworten. Wenn ich ihn frage, ob er bemerkt hat, daß ich keine Begeisterung zeige, Stunde um Stunde seiner Lebensgeschichte zuzuhören, fährt er fort, mich zu ignorieren. Wenn ich ihn frage, was er ausläßt, das nicht so gut geprobt ist, wird er ärgerlich und schmollt. Er fragt mich dann, ob er mir vertrauen könne und ob sich in dem Zimmer Abhörvorrichtungen befinden, und dann gibt er mir zu verstehen, selbst wenn ich ihm versichere, daß da keine Wanzen seien, könne er mir keinesfalls glauben.

Aufgrund meiner klinischen Ausbildung und Erfahrung beginne ich mich irgendwann zu fragen, ob ich es mit einem Psychopathen zu tun habe. Und sobald ich in diagnostischen Kategorien zu denken beginne, weiß ich, daß etwas mit mir passiert ist. Ich habe meine Sympathie für Bill verloren. Ich versuche nicht mehr, ihn als Person zu erreichen, sondern ihn zu einem Objekt, einer Kategorie, einem Psychopathen zu reduzieren.

Ich kehre meine Taktik um. Ich versuche, Bill so zu akzeptieren, wie er ist. Aber es ist zu spät. Er fährt fort, eine Weile in schnellem Tempo weiterzureden. Dann wird er langsamer. Er ist zu dem Schluß gekommen, daß ich nicht vertrauenswürdig bin, daß er mir nicht sagen kann, was er denkt, was mit ihm geschehen ist. Ich denke in klinischen Begriffen wie Paranoia und

Psychopathie, und bald ist alles zu Ende. Er verläßt die Therapie nach nur sieben Sitzungen, ohne mich über den Abbruch zu informieren und ohne seine Rechnung zu bezahlen. Ich kann mich nur mit einer klinischen Diagnose trösten. Und ich bin mit meiner eigenen Begrenztheit konfrontiert. Vielleicht kann ich mit Psychopathen nicht gut umgehen. Nun ja, seine vorherige Therapie bestand nur aus einer einzigen Sitzung.

Man beachte, bitte, daß es in der Zusammenarbeit mit »Ein«, »Beatrice«, »Gil« und »Bill« keine Wunderheilungen gegeben hat, keine großartigen Gipfelmomente, in denen alles klar wurde und die Probleme der Betreffenden geknackt wurden. Ich arbeite in kleinen Schritten, einen nach dem anderen. Manchmal gehen wir auch rückwärts, manchmal nicht in kleinen Schritten. Ich kann dir sagen, wenn du dich besser, stärker, »ganzer« gefühlt hast und dies im Moment verschwunden ist, dann wird es wiederkehren. In der Therapie bewegen wir uns ebenso wie im Leben (die Therapie ist ja ein Teil des Lebens, nicht etwas davon Getrenntes), und das gilt auch für mich, vorwärts und rückwärts.

Indem ich kleine Schritte mache, kann ich mich wohlfühlen; ich verliere weder dich noch mich. Ich habe Bill verloren oder erkannte, daß er mich verlor, als ich den Sprung machte, ihn als paranoiden Psychopathen zu bezeichnen. Ich hätte ihn vielleicht trotzdem nicht behandeln können, aber ich hätte eine bessere Chance dazu gehabt, wenn ich näher bei ihm und dem, was er mit mir machte, geblieben wäre, bei meinen Gefühlen ihm gegenüber, ohne seine Schwierigkeiten auf einen Begriff zu bringen.

Kleine Schritte zu machen ist eine harte Arbeit. Es beraubt mich der Gelegenheit, brillante Theorien aus der Luft zu greifen, dich mit meinem Fachwissen zu blenden. Ich muß darauf verzichten, dir damit imponieren zu wollen, es sei denn, ich möchte dich überwältigen und dich davon überzeugen, daß ich ein Zauberer bin, mit der Folge, daß unsere Beziehung leidet und du dich zurücklehnst und darauf wartest, daß ich Wunder vollbringe, wenn du es wünschst.

Indem ich kleine Schritte mache, verankere ich mich selbst viel besser in dem, was geschieht, und auch du bist viel besser verankert. Welche neuen Figuren sich unserer gemeinsamen Arbeit dann auch immer zeigen, wir können beide unsere Erregung darüber teilen. Je stärker unsere gemeinsame Basis ist, desto weniger werden wir es nötig haben, in einen Zustand der Angst oder Spannung zu geraten, wenn die neuen Figuren zutage treten. Wir sind gemeinsam zu diesem Punkt vorgedrungen, so daß wir jetzt auch gemeinsam akzeptieren können, was nun geschieht.

Den größten Erfolg habe ich, wenn wir in jeder Sitzung neue Figuren entdecken. Es wird Momente geben, in denen alte Verhaltensmuster plötzlich klar werden und dann verschwinden, weil ihre Macht durch ihre Enthüllung erlischt. Manchmal werden wir uns jedoch damit zufriedengeben müssen, nur flüchtige Blicke auf etwas werfen zu können oder Formen zu spüren, die sich noch nicht verfestigt haben. Statt nebelhafter Schemen werden wir zumindest vage Umrisse erkennen können, und auch das freut mich schon.

Karen schwankt zwischen Fürsorglichkeit für andere und einem Zustand der Hilflosigkeit, in dem sie selbst der Fürsorge bedarf. Sie lebt von ihrem Mann getrennt und hat das Sorgerecht für ihre vier kleinen Kinder, für die sie keinen Unterhalt erhält. Die pazifistische Gruppe, für die sie tätig ist, hat finanzielle Probleme, und sie hat seit drei Monaten kein Gehalt mehr bekommen. In einer Sitzung werde ich sehr direkt in meinen Fragen. Von wem kannst du Geld leihen? Mach dir eine Liste. Wem kannst du Geld schulden, wer ist bereit, dir noch mehr Kredit zu geben? Mach dir eine Liste. Doch Karen sträubt sich gegen ein praktisches Vorgehen. So versuche ich herauszufinden, welchen Vorteil es hat, pleite zu sein. Sage mir, welche Vorzüge es hat, am Rande der Armut oder in noch schlimmerer Lage zu leben. Darauf weiß Karen sofort eine Antwort. Sie schlägt sich im Leben durch, indem sie entweder für andere Leute sorgt oder diese für sie sorgen läßt. Indem sie an ihrer Armut festhält, erweckt sie Mitgefühl, und jemand findet sich, der sie aus ihrer Not rettet. Es ist nicht nötig, daß ich von Abhängigkeit spreche; sie ist jahrelang in Therapie gewesen und weiß das. Was ich Karen bieten kann, ist eine neue Erfahrung, wie sie dazu beiträgt, sich in einem Zustand der Not zu halten, und sie auf den hohen Preis hinzuweisen, den sie bereit ist, dafür zu bezahlen.

Sie gibt auch zu, daß sie aufgrund ihrer Armut fortfahren kann, einen Groll gegen ihren früheren Mann zu hegen, ihre Eltern zu erpressen, sich so hektisch und chaotisch zu fühlen, daß sie es vermeiden kann, sich mit ihrem eigenen Leben zu befassen, daß sie ein Drama gestalten kann, in dem sie die Rolle der Märtyrerin innehat und von einer grausamen Welt umgeben ist, die ohne Mitgefühl für ihre Not ist. Karen hat jetzt genug, womit sie sich auseinandersetzen kann, so daß keine Notwendigkeit besteht, Interpretationen vorzunehmen oder Diagnosen anzubieten.

In der nächsten Sitzung spricht sie von ihrem Haus und erzählt mir, daß sie die meiste Zeit dort verbringt, die Tür abschließt und die Welt aussperrt. Ich fordere sie auf, ihr Haus zu sein und mit mir in der ersten Person als ihr Haus zu sprechen.

Karen erzählt mir rasch, daß sie sich groß und stark fühle und daß sie dicke Mauern habe. Sie berichtet weiter, daß sie mit Plunder angefüllt sei und daß sie chaotisch und unordentlich sei. Ich fordere sie auf, mir über den Plunder zu erzählen, und sie antwortet, daß da ein Heizkessel sei, der explodiert ist, Spinnweben und alte Farbdosen. Ich ersuche sie, der explodierte Heizkessel, die Spinnweben und die alten Farbdosen zu sein. Sie sagt mir als der Heizkessel, daß sie wertlos sei und bloß Platz wegnehme, daß sie früher in gutem Zustand gewesen sei, aber daß sie nach der Explosion nie repariert wurde. Als Spinnwebe erzählt sie mir, daß sie fragil sei und sich beim Kontakt mit anderen in nichts auflöse. Als alte Farbe sagt Karen über sich, daß sie hart geworden und erstarrt sei, daß sich ihre Farben entmischt und ihre Kohärenz verloren hätten.

Ich dränge Karen nicht zu falschen Lösungen für ihren Bedarf an einem Hausputz. Ich bin zufrieden, wenn sie in Kontakt mit ihrer Verzweiflung kommt und spüren kann, wie desorganisiert ihr Leben ist. Gleichzeitig verspürt Karen, weil sie es geschafft hat, ihre Unordentlichkeit auszudrücken und sie nicht zu vermeiden oder verleugnen, Erleichterung und dieses wertvolle Gut, Hoffnung.

Man beachte wiederum, daß bei meiner Arbeit mit Karen keine Notwendigkeit besteht, das, was zwischen uns geschieht, in irgendwelche theoretische Begriffe zu pressen. Ich könnte über die Abwehrmechanismen der Verleugnung und Projektion sprechen, aber was würde ich mit meinem Kontakt zu Karen tun, während ich diesen Dialog führe?

Dennoch gestehe ich, als Therapeut ein Doppelleben zu führen. Einerseits gestattet mir meine Ausbildung bei Laura und Isadore, bei der jeweiligen Person zu bleiben und darauf zu achten, was zwischen uns geschieht. Andererseits sind meine akademische Ausbildung und meine analytischen Erfahrungen nicht ausgelöscht. Ich benutze die psychoanalytische Theorie und meine akademische Ausbildung als das Fundament, auf dem ich aufbaue. Ich kann in der therapeutischen Begegnung nur ich selbst sein, und da ich beide Hintergründe besitze, versuche ich, sie so zu benutzen, daß sie miteinander verschmelzen, statt miteinander in Konflikt zu kommen. Während ich bei der Arbeit also zu spüren und zu erleben versuche, was zwischen uns abläuft, versuche ich gleichzeitig, von meinem intellektuellen

Hintergrund weitere Auskünfte darüber zu erhalten, was zwischen uns vorgeht. Ich vertraue meinen Gefühlen mehr, aber gleichzeitig nehme ich auch die Informationen zur Kenntnis, die mir mein Kopf, gestützt auf meine klinischen Erfahrungen, zukommen läßt. Manchmal stelle ich mich absichtlich dumm, damit ich neu und frisch erleben kann, was zwischen uns passiert, damit ich nicht in steriler Weise aus meinem Informationsspeicher die »richtige« Antwort abrufe, was hier geschieht, die »richtige« Art und Weise, mit der konkreten Situation umzugehen. Ebenso verzichte ich manchmal auf eine »erprobte und bewährte« Methode, von der ich weiß, daß sie gut funktioniert, und improvisiere stattdessen eine neue Form des Umgangs mit dem, was vor meinen Augen passiert. Die Herausforderung, die ich erfinde, hilft mir auch, mich in meinen Reaktionen lebendig und frisch statt distanziert und klischeehaft zu verhalten. Verstehst du, auch ich muß *dasein*, bei dir, wenn unsere Transaktion lebendig sein soll.

Wenn du dich spontan und lebendig, erregt und prickelnd fühlst, dann bist du an einem anderen Ort, fähig, mit deinen eigenen Wahrnehmungen, Gedanken und Gefühlen in einer vitaleren Weise umzugehen, die dich berührt. Eines der Ziele der Gestalt-Therapie ist, in jeder Sitzung Mittel und Wege zu finden, um unsere Erfahrungen lebendiger und erregender zu machen. Wenn du jetzt und hier in einer lebendigen, erregten Weise mit all dem Fühlung aufnehmen kannst, was in deinem Leben geschieht, dann wirst du dich aus jeder Sackgasse befreien und jede festgefahrene Situation, jeden toten Punkt überwinden können.

Wenn du dich andererseits in einer festgefahrenen Situation befindest und da nicht herauskommst, dann würde ich dich bitten, dies im Augenblick als deine Identität zu akzeptieren. Zu akzeptieren, daß du an diesem Punkt noch zu großen Nutzen aus deinem Konflikt ziehst, um ihn zu lösen. Wenn du diese festgefahrene Situation ohne Beschuldigung als einen Teil von dir selbst akzeptierst, dann hast du angefangen, dich anders zu sehen, du hast dich von dem Klischeebild von dir als Schuldigem getrennt. Dann ist es uns auch hier gelungen, dein Bild von dir selbst zu verändern. Und das ist auch eines der Ziele der Gestalt-Therapie, neue Möglichkeiten auszuprobieren, sich selbst zu sehen, zu schauen, ob es einen neuen Weg gibt herauszufinden, wie du mit der Welt umgehst; zu akzeptieren versuchen, wo du dich jetzt befindest, im vollsten Sinn des Wortes; ja selbst diese Erfahrung des Festgefahrenseins zu einem lebendigen, eindrucksvollen Bild zu machen.

Ein aufgeweckter Leser wird jetzt vielleicht fragen: Es stimmt zwar, daß

Sie nicht dasselbe Bedürfnis zu haben scheinen, einen Menschen zu diagnostizieren, um mit ihm therapeutisch zu arbeiten; doch daraus folgt ja offensichtlich nicht, daß Sie innerhalb eines atheoretischen Rahmens arbeiten. Wie entscheiden Sie, in welcher Weise Sie zu verfahren haben? Und wenn es ein aufmerksamer Leser ist, wird er erkennen, daß mein Prinzip damit zusammenhängt, was hier und jetzt mit der Person geschieht, mit der ich arbeite.

Um es etwas genauer zu sagen, bei meiner Arbeit konzentriere ich mich nicht in erster Linie auf die Vergangenheit oder auf die Notwendigkeit einer Diagnose oder einer Theorie, sondern ich achte darauf, was hier und jetzt vor meinen Augen geschieht. Man kann mir also das Geständnis entlocken, daß ich nach dem Prinzip der *Unmittelbarkeit* arbeite, wonach das, was in diesem Augenblick geschieht oder im Augenblick so lebhaft empfunden wird, nicht als Teil einer fernen Vergangenheit erlebt wird, sondern als lebendige Gegenwart, eine pulsierende, augenblickliche, unabgeschlossene Situation.

Nun wird mich der Leser an diesem Punkt weiter befragen mit dem Gedanken: Nun, soviel geschieht im Augenblick; wie entscheiden Sie, auf welchen Teil der überwältigenden, dröhnenden Gegenwart Sie sich konzentrieren sollen? Hier stammt die Antwort unmittelbar aus den Prinzipien der Gestaltbildung. Während ich ein Ereignis oder eine Aktivität erlebe, versuche ich aktiv, mir darüber Klarheit zu verschaffen, um seinen Sinn zu verstehen. Was von geringem Interesse ist und mich nichts angeht, das lasse ich in den Hintergrund treten, und ich konzentriere mich auf den Vordergrund. So beachte ich, wenn ich hungrig bin, in erster Linie das Essen und nicht den Teller. Bei einem so eindeutigen Beispiel gibt es keinen Konflikt, was Vorder- und was Hintergrund ist. Wäre ich andererseits hungrig und würde den Teller beachten und nicht die Speisen, dann wäre das ein außergewöhnliches Ereignis, das mich neugierig machen würde, warum dies geschieht. Dem Leser wird auch hier wieder auffallen, daß ich einen impliziten Ordnungssinn haben muß, der mir vorschreibt, daß es beim Essen günstiger ist, auf die Nahrung zu achten und nicht auf den Teller. Hier muß ich nun darauf hinweisen, daß ich, um ein guter Gestalt-Therapeut zu sein, meine eigenen impliziten Vorurteile vermeiden und in Frage stellen muß. Wann wäre es sinnvoll, selbst in hungrigem Zustand dem Teller mehr Beachtung zu schenken als der Nahrung? Mögliche Antworten: wenn ich einen so hoch entwickelten Sinn für Ästhetik habe, daß mir die Darbietung der Nahrung manchmal wichtiger ist als die Nahrung selbst; wenn ich mich in cinem tropischen Land befinde, in dem die sanitären Zustände nicht ganz geheuer sind, und ich mich vergewissern möchte, daß mein Teller einigermaßen sauber ist; wenn ich ein verklemmter Mensch bin, der sich vor Krankheitskeimen fürchtet und alle Speisen untersuchen muß, bevor ich sie essen kann.

Mit anderen Worten, wenn ich wirklich in Berührung mit dem sein will, was geschieht, muß ich ein Gespür dafür haben, was gewöhnlich und was ungewöhnlich ist, sowie die Fähigkeit, flexibel zu sein, und ich muß auf andere Möglichkeiten vorbereitet sein, die sich für mich noch nicht abgezeichnet haben. Ich muß die übliche Figur-Grund-Konstellation umkehren, um ein klareres Bild davon zu haben, was im Augenblick geschieht.

Der sorgfältige Leser wird sich noch nicht zufrieden geben, sondern mich fragen: Ich verstehe zwar, was Sie über die Bedeutung der unmittelbaren Situation sagen. Ich verstehe, was Sie mit der Notwendigkeit meinen, auf den offensichtlichen Vordergrund zu achten und dann flexibel genug zu sein, ihn zum Hintergrund zu machen, aber ich weiß noch immer nicht, wie Sie in einer konkreten Situation entscheiden, wie Sie sich der jeweiligen Person gegenüber verhalten sollen, was Sie zunächst auswählen. Nehmen wir beispielsweise an, daß jemand zu Ihnen kommt. Er kommt gebeugt an, atmet kaum und läßt sich in einen Sessel fallen. Sein Gesicht ist abgehärmt und seine Augen sind glasig. Was sagen Sie zu ihm? Nun, Sie machen es mir zu leicht. Dieser Mensch ist offensichtlich in Bedrängnis. Ich sage nichts. Ich gebe ihm eine Chance, sich zu sammeln, und wenn das geschehen ist, wird er mich auf das *hinweisen*, was wichtig ist. Verstehen Sie, ich muß mich jedes Mal neu orientieren, mit wem ich es im Augenblick zu tun habe. Ich kann nicht davon ausgehen, daß der Mensch, den ich letzte Woche gesehen habe, mit der Person identisch ist, die jetzt bei mir ist. Ich kann ja nicht wissen, was während der Woche geschehen ist. Ich versuche, keine feststehende Figur, keine starre Gestalt desjenigen zu haben, mit dem ich zusammen bin, oder davon, was in der Vergangenheit zwischen uns geschehen ist, so daß ich nicht bei dem hängenbleibe, was war, sondern mit dem umgehe, was jetzt ist.

Ja, ja, antworten Sie etwas ungeduldig, ich verstehe, was Sie mit der Notwendigkeit einer flexiblen, lebendigen, aktuellen Gestalt meinen, aber Sie haben meine Frage nicht beantwortet. Ich leide unter diesem unbewältigten Konflikt meiner Vergangenheit. Sagen Sie mir, wenn Sie wollen oder können, welche der unzähligen in Frage kommenden Figuren Sie auswählen, um mit dem Betreffenden daran zu arbeiten.

Ich antworte, Jetzt verstehe ich Ihr Bedürfnis nach Geschlossenheit. Sie haben tatsächlich einen unbewältigten Konflikt aus Ihrer Vergangenheit, der Sie jetzt in Ihrer Fähigkeit behindert, mich zu verstehen. Ich vermute, Sie wollen von mir, ohne daß es Ihnen bewußt ist, daß ich Ihnen eine »richtige« Methode der therapeutischen Arbeit präsentiere. Sie wollen herausfinden, welche die Regeln sind, damit Sie verstehen, was ein »guter« Therapeut ist. Darauf möchte ich Ihnen zwei Antworten geben.

Erstens, es gibt keine »richtige« Methode der Auswahl dessen, worauf man achtet. Sie können sich nur auf sich selbst verlassen. Nehmen wir an, ich befolge die Regel, es sei immer am besten, darauf zu warten, daß der andere die Sitzung beginnt, um zu sehen, was für ihn Vordergrund ist. Es könnte aber sein, daß man in der vorhin erwähnten Situation (ein Mann, dem es schlecht geht, kommt herein und sinkt in einen Sessel) eine menschliche Bemerkung macht wie, Sie sehen sehr verstört aus. Dies kann eine Woge des Gefühls auslösen, daß man sich um ihn kümmert, und das könnte therapeutisch nützlicher sein als ein langer Bericht über die Ursachen seiner Not. Wie soll man also wissen, was richtig ist? Man kann es nicht wissen. Ich wiederhole, man kann nur lernen, auf sich selbst und seine Erfahrungen zu vertrauen.

Ich will Ihnen jetzt die zweite Antwort geben, die ich Ihnen versprochen habe; vielleicht wird diese Sie befriedigen. Wenn ich unsicher bin, was wichtig ist, dann gibt es eine Reihe von Fragen, die ich mir selbst oder der Person stellen kann, mit der ich gerade arbeite. Ich kann mich fragen, Was kann ich tun, um in diesem Augenblick den Kontakt zwischen uns zu verstärken? Ich kann Fragen stellen wie, was empfindest du im Moment, worüber möchtest du sprechen, woran denkst du, ohne darüber zu sprechen? Oder ich kann meine eigenen Beobachtungen zum Ausgangspunkt der Kontaktaufnahme machen. Du wirkst im Augenblick sehr verstört. Hast du abgenommen? Eben jetzt, als du durch das Zimmer gingst, ist mir aufgefallen, wie du deine Hüften hältst, wenn du dich bewegst. Kannst du das für mich beschreiben? Ist dir bewußt, wie du das machst?

Wenn ich mir weniger Sorgen darüber mache, ob ich ein hervorragender Therapeut bin und immer das Richtige tue, dann werde ich vielleicht auch zuversichtlich sein, daß ich, wenn ich einmal einen Fehler mache, ihn wieder korrigieren kann, wenn ich nur entspannt bin; ich kann einen fruchtlosen Ansatz fallenlassen und zu etwas anderem übergehen. Um zu erkennen, daß ich mich auf dem Holzweg befinde, muß ich in Kontakt damit sein, was meine Erfahrungen bis jetzt zutage gefördert haben. Also konzentriere ich mich erneut darauf, was im Augenblick jetzt und hier zwischen uns geschieht, und das sagt mir, wie ich weiter verfahren soll. Ich wiederhole: wenn ich einen Fehler mache, kann er korrigiert werden. Das ist keine Katastrophe. Ich darf Fehler machen, wenn ich nicht das Bedürfnis habe, ein allwissender Therapeut zu sein, der immer recht hat und dessen Antennen immer funktionieren. Wenn dem so wäre, dann müßte ich mich mit meiner eigenen Eitelkeit und meinem Perfektionismus auseinandersetzen und darauf achten, wie ich meine Aufmerksamkeit von dir und deinen Bedürfnissen abwende, um sie auf mein eigenes Bedürfnis zu richten, vollkommen und wichtig zu sein.

Aha. Jetzt finden Sie es nicht mehr so dringend, eine Antwort aus mir herauszubekommen, wie ich unter all dem Vorhandenem auswähle. Vielleicht ist das ein guter Moment, um eine Pause zu machen.

3. Meine Arbeit

Worin besteht meine Arbeit? Wie kann ich sie beschreiben? Ich halte meine Augen offen und höre zu, soviel ist sicher. Ich schaue so genau hin, wie ich kann, und versuche soviel zu sehen wie möglich; manchmal schmerzen meine Augen davon. Ich versuche, mit meinen Augen alles wahrzunehmen: wie du sitzt, wie du gehst, wie du atmest, wie du es vermeidest, mich anzusehen, wie du zögerst, bevor du einen Gedanken äußerst, der dir nicht gefällt, wie du Teile deines Körpers anspannst, wie du deinen Mund und deinen Hals hältst. Ich sehe mir die Kleider an, die du trägst, ob sie Stilgefühl verraten oder nicht, wie adrett sauber oder schmutzig sie sind. Vor allem sehe ich mir dein Gesicht an; ich versuche, die Gefühle von deinem Gesicht abzulesen. Ich gestehe, daß ich notfalls versuche, deine Gedanken zu lesen, indem ich durch deine Augen in deinen Kopf hineinschaue.

Und ich höre zu. Ich höre immer und immer zu. Und während ich zuhöre, denke ich. Ich achte auf Denkmuster, auf Ideen, die ich miteinander verbinden kann. Ich achte auf Emotionen, Gefühle, die versteckt oder zusammenhanglos, unangebracht oder vergessen scheinen. Ich versuche, diese Gefühle ans Licht zu bringen, sie klar und deutlich zu machen. Ich versuche, deine Gedanken zu nehmen und sie so anzuordnen, daß du sie in einer neuen Weise sehen kannst, die nicht linear ist, sondern gleichzeitig oder miteinander interagierend, so daß du etwas Neues aus ihnen machen kannst.

Aber obwohl ich bereits ein besseres Gefühl in bezug auf das habe, was ich da tue, ist mir klar, daß dies noch nicht genug ist. Wir müssen etwas gemeinsam tun, und das ist das Wichtigste.

Ich muß mit deinen Dämonen ringen, aber so, daß dir am Ende mehr, nicht weniger bleibt, wenn sie zur Strecke gebracht sind. Ich muß dir zeigen, daß ich Anteil nehme, in manchen Fällen größeren Anteil als du selbst. Ich muß dir bewußt machen, daß ich gewisse Aspekte deines Lebens ernster nehme als du. Und dann, wenn du dich sicher fühlst, daß du nicht für dich selbst zu sorgen brauchst, daß ich genügend Anteil nehme, um es für dich zu tun, nun, dann muß ich dir den Teppich unter den Füßen wegziehen und dich daran erinnern, daß dies, so wichtig es mir auch ist, im Grunde doch dein eigenes Leben ist, daß ich zwar daran Anteil nehme, aber daß du für dich selbst sorgen mußt, und daß ich nicht die Absicht habe, das für dich zu tun.

In dieser Phase des Kampfes mit deinem Dämon muß ich besonders geschickt sein. Du hast dich ein Leben lang darin geübt, dir selbst und allen anderen, die mit dir zu tun haben, Fallen zu stellen. Ich versuche, nicht eingebildet zu werden und anzunehmen, alle Tricks zu kennen, mit denen du mich hereinlegen oder in die Falle locken kannst. Das Schöne an meiner Arbeit ist, daß ich frisch bleiben muß, damit ich ständig etwas Neues lernen kann, denn wenn ich wirklich genügend klar im Kopf und ehrlich bin, dann kann ich eine neue Art von Therapie nicht nur für jede Person, sondern für jede Sitzung erfinden.

Um dies auch nur annähernd tun zu können, muß ich bereit sein, da zu sein, nicht bloß für dich, sondern auch für mich. Ich muß bereit sein zu untersuchen, was vor meinen Augen geschieht, und es nicht zu rasch einem sterilen Modell zuzuordnen. Ich muß versuchen, flexibel genug zu sein, um mit jeder Person eine andere Beziehung herzustellen, ich muß bereit sein, Unterschiede zu merken und Risiken einzugehen, statt mir einzureden, ich wüßte alles, was vor sich geht.

Um frisch zu sein, muß ich imstande sein zu vergessen, was ich gelernt habe, und es für mich selbst jetzt und hier vor dir erfinden, damit es auf dich zugeschnitten ist, damit wir uns beide lebendig und vital fühlen. Ich muß riskieren zu vergessen, was ich weiß, und dann nicht imstande zu sein, es mir in Erinnerung zu rufen. Ich muß riskieren, daß mir durch diese Rückkehr in den Zustand der Unschuld Dinge fehlen werden, die mich meine Erfahrung gelehrt haben sollte. Ich muß riskieren, mich nicht zurückzuhalten, sondern vorzupreschen und Fehler zu machen. Ich muß bereit sein, meine Fehler zuzugeben und unrecht zu haben. Dennoch lohnt es sich, diese Risiken einzugehen, denn was auf dem Spiel steht, ist dein Leben, und meine Zuversicht basiert auf der Überzeugung, daß ich, wenn ich mich so offen riskiere, es wagen werde, dich in einer Art und Weise zu konfrontieren, die andere vermeiden oder die du ignorierst; ich setze darauf, daß du auf mich ansprechen wirst und daß zwischen uns etwas geschehen kann und wird.

Ich schaue und höre also nicht bloß; ich spreche auch viel. Ich lasse dich ständig wissen, was bei mir ankommt, was ich denke, was ich fühle. Und das ist eine weitere Last, irgendwie frisch genug zu bleiben, so daß ich weiterhin fähig bin zu fühlen, daß ich nicht abgestumpft oder überwältigt oder eingeschüchtert oder zynisch werde. O ja, ich kenne alle diese Gefühle, die ich gerade aufgezählt habe, nur zu gut, aber ich muß genügend an mich glauben, um, wenn ich anfange, mich zu langweilen, oder mich abgestumpft, eingeschüchtert oder überwältigt zu fühlen, nicht nur die Berechtigung dieser Gefühle zu akzeptieren, sondern mich auch zu fragen, ob es nicht einen wichtigen Zusammenhang zwischen dem gibt, was ich empfinde, und was du auch spürst bzw. was du tust, um so auf mich zu wirken. Ich glaube, daß dir all diese Aufmerksamkeit schmeicheln muß, daß du auf mein Interesse an deiner Person reagieren wirst. Du hast immer vermutet, in gewisser Weise interessant zu sein, aber hier hast du meine uneingeschränkte Aufmerksamkeit. Ich sitze also da. Und je älter ich in diesem meinem Beruf werde, desto schwerer fällt mir das Sitzen. Ich werde steif, mein Körper rebelliert, mein Verstand verliert an Schärfe, und wenn ich täglich so und so viele Stunden dasitzen muß, dann muß ich auch Mittel und Wege finden, um mir die Last des langen Stillsitzens zu erleichtern. Ich muß Mittel und Wege finden, um mir Bewegung zu verschaffen, damit ich aufmerksam und frisch sein kann. Ich muß lernen, meine Kräfte einzuteilen, damit ich nicht nach einer Sitzung emotional erschöpft bin, damit ich mich nicht genötigt fühle, eine unechte Art von Interesse und Anteilnahme darzubieten. Manchmal, wenn ich tatsächlich erschöpft bin, wenn mich dein Leiden niederdrückt, dann gestehe ich anderen, daß ich mich ausgepumpt fühle, und dann versuche ich einfach, so gut wie möglich über die Runden zu kommen.

Ja, deine Dämonen sind immer da, sie stellen mich immer auf die Probe und versuchen, mich zu überlisten. Während ich dir also zuhöre und dich anschaue, während ich mir selbst zuhöre und mich zu spüren suche, versuche ich oft zu erraten, welche neue Form der Dämon annehmen wird und wie ich ihn überlisten kann, bevor er mich überlistet. All dies hat eine lebendige Interaktion zur Folge; wenn dem nicht so wäre, wie könnte ich dann die Belastungen ertragen? Irgendwie genieße ich den Kampf, unsere Begegnung, unsere Konfrontation. Manchmal bist du zu halsstarrig, ich fühle mich müde, der Kampf erlahmt. Ich kann viele Mißerfolge hinnehmen, insbesondere, wenn ich spüre, daß am Ende auch dein Dämon ermüden wird, daß ich ihn einlullen kann, so daß er nicht mehr auf der Hut ist, sondern sich allzu sicher fühlt und mich für einen leichten Gegner hält. Aber wenn du meine Schmerzgrenze überschreitest, dann werde ich sauer, und dann lasse ich dich wissen, daß ich nicht bereit bin weiterzugehen. Wenn wir einen Weg finden sollen, damit diese Sache funktioniert, damit wir zusammenkommen, dann brauche ich irgendeinen Grund zur Zuversicht. Ja, ich akzeptiere die Herausforderung. Ich trete gegen dich und deinen Dämon an. Und es ist mir ernst damit. Ich werde versuchen, neue Mittel zu finden, mit ihm in Kontakt zu kommen, ein speziell auf dich zugeschnittenes Mittel, um deine spezielle Problematik zu behandeln. Jede Sitzung wird anders sein, jede Begegnung einzigartig. Es sei denn, du schiebst meinen Versuchen, mit dir in Kontakt zu kommen, konsequent den Riegel vor. Dann erweisen sich meine eigenen Mittel als begrenzt. Wenn du nicht erscheinst, oder wenn du zwar kommst, aber dich weigerst, mit mir zu sprechen, dann habe ich weniger Spielraum, um auf dich zu reagieren. Es bleibt mir immer noch eine Reihe von Möglichkeiten, aber nachdem ich sie erschöpft habe — denn es gibt nur eine relativ begrenzte Zahl von Möglichkeiten, wie ich mit Abwesenheit oder Schweigen umgehen kann — dann werde ich mich in verschiedenen Varianten wiederholen müssen. Ein Minimum an Kooperation ist deshalb eines der besten Mittel, um zu erreichen, daß du und dein Dämon intakt bleiben.

Wenn ich dir zuhöre, muß ich der Wahl deiner Worte besondere Aufmerksamkeit schenken. Man könnte glauben, daß die Sprache als ein Mittel der Kommunikation entwickelt wurde, aber wir sind alle so raffiniert, daß wir die Sprache, sobald wir sie etwas besser beherrschen, auch als ein Mittel benutzen, nicht zu kommunizieren. Ich muß lernen zu hören, was du sagst, und dann, zu hören, was du nicht sagst, deine Worte in mich aufzunehmen und dann innezuhalten und dich eingehend über ein bestimmtes Wort, eine Wendung, einen speziellen Sprachgebrauch zu befragen. Ich versuche, nicht vorauszueilen und selbst zu erklären, was du mit deinen speziellen Bedeutungen meinst, denn dann reibe ich mich in dem Bemühen auf, recht zu haben und mich als klug und geschickt zu erweisen. Aber gelegentlich, wenn ich mich sehr entspannt fühle, gestatte ich mir diese Art von Entgleisung und lasse dich daran teilhaben.

Meine ich es wirklich ganz ernst, wenn ich sage, daß ich für jede einzelne Klientin eine neue Psychotherapie erfinden möchte? Ich versuche es, bemühe mich um einen neuen Ansatz für jede einzelne, und gleichzeitig bin ich es mir selbst schuldig, erkennbar ich zu sein, jemand, der nicht schauspielert. Manchmal ist es eine Belastung für mich, und ich werde erklären, in welchen Fällen, und wie ich damit umgehe.

Gerald. Er lügt fast ständig. Er enthält mir Informationen vor. Er entstellt Dinge. Ich sehe ihn in einer Gruppe, deshalb erhalte ich unbeabsichtigt Berichte von anderen Gruppenmitgliedern, aber ich weiß durch seine eigenen Berichte, daß er nicht nur das Problem hat, der Wahrheit nicht ins Auge sehen zu können, sondern daß er absichtlich versucht, andere entweder durch seine unverhohlenen Lügen zu manipulieren oder, indem er Informationen vorenthält, die wesentlich sind.

In meinem früheren Leben als Historiker engagierte ich mich leidenschaftlich für die Suche nach der Wahrheit. Alle meine Quellen mußten genau nachgeprüft, alle meine Angaben unantastbar, alle meine Daten auf ihre Richtigkeit untersucht werden und meine Interpretationen mußten sich streng an die Gesetze der Logik und der Schlußfolgerung halten und durften sich nur auf das vorhandene Material stützen. Und jetzt sitze ich da und höre mir Lügen und Entstellungen an. Ich fühle mich angewidert, aber es ist nicht meine Aufgabe, die Richtigkeit nachzuprüfen oder, wie Paul Lazarsfeld zu Edward Suchman (zwei bekannte Soziologen) meinte: »Wir sind keine Pfadfinder.« Und obwohl ich Brechreiz verspüre, wenn ich diese Lügen höre, habe ich etwas Wichtigeres im Sinn als die Rolle des Staatsanwalts, der die Wahrheit festzunageln sucht, nur her mit den Fakten. Mir geht es um etwas Bedeutenderes als die Wahrheit, nämlich, eine Beziehung zu Gerald aufzubauen, so daß er von sich aus, aus eigenen freien Stücken anfängt, die Wahrheit als ein besseres Mittel des Umgangs mit anderen anzusehen. Von sich aus. Im Augenblick fühlt er sich von anderen noch bedroht, so daß Lügen einen Bestandteil seines Sicherheitssystems bilden. Sie kommen inzwischen seltener vor, manchmal stellt er sie selbst richtig, aber sie kommen noch vor.

Ich widerstehe deshalb der Versuchung, den Fliegenbeinzähler und Staatsanwalt zu spielen und auf exakten Fakten zu bestehen. Und das kostet mich eine ganze Menge; es macht unsere Sitzungen für mich schwerer erträglich. Ich muß mir gut zureden und mich daran erinnern, daß ich nicht primär mir zuliebe hier bin, sondern ihm zuliebe.

Als wir miteinander zu arbeiten begannen, ging es nicht im entferntesten um Lügen oder Entstellungen. Gerald benutzte die Sprache in einer so privaten Weise, daß ich die größte Mühe hatte mitzukommen und mir darüber klarzuwerden, was er mir zu sagen versuchte, ganz egal, ob es stimmte oder nicht. Er war vor mir bereits bei einem halben Dutzend Therapeuten gewesen, hatte also genügend Zeit gehabt, Techniken zu entwickeln, wie man redet, ohne verstanden zu werden, wie man da ist und gleichzeitig nicht da ist, wie man vorgibt, Hilfe zu suchen, und diese unmöglich macht. Ich muß gestehen, daß mir manchmal schwindlig wurde. Was versuchte er, mir zu sagen? Warum sagte er es auf diese Weise, gewissermaßen verschlüsselt? Ich hatte mich damit abgefunden, daß wir viel Zeit miteinander würden verbringen müssen und daß ich viel Geduld brauchen würde. Ich erwartete keine Wunderheilung. Ich war nicht sicher, wieweit wir miteinander kommen würden. Viele andere waren gescheitert; und warum sollte es mir anders ergehen?

Nun, im Laufe der Jahre sind Veränderungen eingetreten, und ich habe mich länger gehalten als die anderen Therapeuten. Ja, ich bin stolz darauf, und ich glaube, mindestens teilweise zu wissen, warum dies geschehen ist. Meine Geduld und Bereitschaft, Gerald so zu akzeptieren, wie er sich mir präsentieren wollte, hat sicher eine große Rolle gespielt. Ich ergriff seine Partei, hörte ihm zu, stellte Fragen, die so wenig bedrohlich waren wie möglich, versuchte, ihn sachte für andere Interpretationen von Ereignissen zu gewinnen, an denen er beteiligt war, stellte seine Wahrheitsliebe nicht in Frage und erwarb mir allmählich sein zögerndes Vertrauen, daß ich ihm nicht schaden wollte. Doch sooft ich ihn zu größerer Unabhängigkeit, Verantwortung und Männlichkeit drängen wollte, wurde er wütend, griff mich an, zog sich zurück und erneuerte sein Mißtrauen, das immer vorhanden war und das er bestenfalls minimal unter Kontrolle hatte. Ich sprach über Mißtrauen, aber meistens kamen wir nicht weiter als ja, Mißtrauen sei bestimmt vorhanden, aber ich müsse mich damit abfinden. Als ich die Auffassung äußerte, daß er sich nicht damit abzufinden brauche, wurde er ärgerlich, er sei zufrieden, er wolle weitermachen. Wir hatten gelegentlich heftige Kämpfe, insbesondere, wenn ich mich weigerte, alle seine Forderungen zu erfüllen. Ich machte ihm klar, daß ich meine Grenzen hatte, über die ich nicht hinausgehen würde. Er war verärgert, protestierte, drohte, weinte und fluchte und war am Ende dankbar, daß ich standhaft geblieben war.

Während dieser Periode veränderte sich allmählich Geralds Meinung von sich selbst. Ursprünglich hatte er seine Haltung anderen gegenüber damit gerechtfertigt, daß er sich selbst als hilflos, abgelehnt und unterprivilegiert empfand. Er war aggressiv, neidisch, arm und habgierig. In unserer Zusammenarbeit und in der Gruppe begann er zu begreifen, daß er nicht hilflos war, sondern mächtig, viel mächtiger als er zu hoffen gewagt hatte. Er begriff, daß er nicht so sehr abgelehnt wurde, wie er andere ablehnte und manchmal brutal angriff. Wenn es ihm in der Vergangenheit an etwas gemangelt hatte, so hatte er in der Gegenwart eine Menge mehr als andere. Insbesondere versuchte ich ihm klarzumachen, daß wir unsere Positionen umkehren konnten und daß ich dann ihn beneiden und mich ihm gegenüber benachteiligt fühlen könnte. Er lachte und meinte, dem könne er nicht zustimmen, aber später konnte er alle Punkte, die ich angeführt hatte, richtig zitieren. Sobald er erkannte, daß er für seine eigenen Bedürfnisse sorgen konnte oder daß andere in vieler, wenn auch nicht in jeder Hinsicht bereit waren, ihn zu unterstützen, wurde er weniger ängstlich und unsicher. Er begann zögernd, ein besseres Bild von sich selbst zu entwickeln und erweiterte seine Transaktionen mit der Welt. Und während der ganzen Zeit versuchte ich, für ihn da zu sein, versuchte, nicht zu urteilen oder, wenn ich ein Urteil fällen mußte, ihm klarzumachen, daß dieses Urteil durch mein eigenes Bedürfnis zu urteilen bedingt und nicht als absolute Wahrheit anzusehen war.

Gerald begann, mich in verschiedener Weise zu kopieren. Er nahm Teile, die er als nützlich empfand, und eignete sie sich an. Ich befürchtete, daß er einfach das übernehmen würde, was leicht war, aber nein, er arbeitete an dem, was er übernahm, so daß ihm vieles davon gut zu Gesicht steht und sich in seiner eigenen Version als wirksam erweist. Er kann immer noch eine solche Neuerwerbung rasch fallen lassen und sich wieder als bedürftig hinstellen, aber sein Bogen hat jetzt mehr Saiten als zuvor.

Ich fühle mich jetzt imstande, das Thema Wahrheit anzusprechen, und wir können über Offenheit in Beziehungen reden. Aber im Grunde geht es nicht um Wahrhaftigkeit. Wenn sich Gerald stark und fähig fühlt, wenn er Selbstvertrauen hat und sich als verantwortlich empfindet, dann ist die Wahrheit einigermaßen leicht auszusprechen. Wenn er sich in einigen Bereichen, die noch ungelöst sind, bedroht fühlt, dann wuchern die Lügen und Entstellungen. Im Laufe der Zeit sind diese bedrohlichen Bereiche jedoch vermindert worden, und wahrscheinlich wird mit mehr Zeit und Geduld sein Bedürfnis nach dieser Art von Kontrolle noch mehr abnehmen. Vielleicht wird er nie zum Typ des pedantischen Gelehrten werden, den ich von meiner Zeit als Geschichtsstudent her bewundere, aber er wird imstande sein, Beziehungen zu haben, die ihm und den Menschen um ihn herum etwas geben. Ich fühle mich nicht mehr in derselben Weise belastet. Heute sprechen wir dieselbe Sprache, wir sind imstande, miteinander zu reden und uns gegenseitig verständlich zu machen. Und gleichzeitig hat er eine schwankende Zuneigung zu mir entwickelt und mich akzeptieren gelernt. Das bedeutet, daß ich selbst weniger geduldig und fordernder auftreten kann. Meine Geduld hat sich ausgezahlt; jetzt kann ich andere Taktiken anwenden. Wir entwickeln uns ständig weiter, und dasselbe gilt für unsere Beziehung.

Helen. Sie hat den größten Teil ihres Lebens in Psychotherapie oder Psychoanalyse verbracht. Sie ist sehr intelligent und sehr raffiniert. Sie verfügt über unzählige Tricks, um mich aufs Glatteis zu führen. Ich genieße unsere Sitzungen, obwohl mir bewußt ist, daß ich ihr zwar folge wo sie mich hinführt, ich mich aber plötzlich woanders wiederfinde und feststellen muß, daß ich einen gravierenden therapeutischen Fehler begangen habe. Manchmal versucht Helen, mich zu einem Angriff auf sie zu provozieren, damit sie sich verletzt fühlen und in selbstgerechtem Haß zurückziehen kann; andere Male provoziert sie mich zu Attacken, damit sie ihren eigenen Selbsthaß als berechtigt empfinden kann. Und immer wieder legt sie mich herein, um mich wegen meiner Dummheit verachten zu können.

Während unserer ersten Sitzungen machte sie in freundlicher, offener und selbstkritischer Weise witzige und humorvolle Bemerkungen über sich selbst. Als ich, ihren Witz und Sarkasmus genießend, ebenso offen lachte, warf sie mir vor, mich von ihr hinters Licht führen zu lassen und über ihre traurige Lage zu lachen, auf ihre Versuche hereinzufallen, ihre Traurigkeit hinter einer humorvollen Fassade zu verbergen. Ich wies sie auf mein Dilemma hin. Wenn ich nicht lachte, benahm ich mich zu ernst und weigerte mich, auf eine Situation einzugehen, die sie sich Mühe gab, zu gestalten; ich spielte den muffigen Therapeuten, der Leichtigkeit und Spiel unterdrückt, wenn sie mich offen einlud zu lachen. Wenn ich aber lachte, dann war ich ein unsensibler Holzkopf, der sich auf ihre Kosten amüsierte. Ich begann zu begreifen, daß sie die Regeln so gestaltete, daß ich nicht gewinnen konnte, was immer ich auch tat.

Helen klagte, daß sie ausdrücklich deshalb mich gewählt habe, weil sie Gestalt-Therapie wolle; sie wolle keine Rede-Therapie. Sie sei der Worte und Ideen überdrüssig. All dieses Gerede habe sie bis zum Erbrechen satt, und sonst geschehe nichts. Ich fühlte mich festgenagelt, und obwohl ich nicht den Eindruck hatte, daß Experimente angebracht waren, erbot ich mich, ihrer Bitte/Forderung nachzukommen. Sie verstummte prompt und weigerte sich zu kooperieren. Wie könne sie so verrückte Dinge tun? Sie sei blockiert. Was könne da Gutes dabei herauskommen? Na schön, jetzt habe sie es getan, aber das einzige, was sie empfinde, sei Demütigung und Erniedrigung. Offensichtlich hatte ich wieder versagt. Ich hatte versucht, ihren eigenen Vorstellungen und Wünschen zu folgen, und das Ergebnis war eine Helen in Tränen, die sich selbst bezichtigte, sich betrogen fühlte und weinend versicherte, daß es keine Hoffnung für sie gebe.

Helen sagte, sie wolle mehr persönlichen Kontakt, wolle etwas über mein Leben wissen, wer ich sei und wie ich mich fühlte. Sie habe die Anonymität des Therapeuten satt. Ich ging auf sie ein und versuchte, ihre Fragen zu beantworten. Plötzlich kehrte sie sich gegen mich und warf mir vor: Warum bringst du dich so stark in die Therapie ein? Warum redest du so viel? Sie sei schließlich um ihretwillen da und nicht, um mich über mein Leben reden zu hören.

Manchmal fühlte ich mich verletzt und angegriffen, aber allmählich entdeckte ich, daß es keinen großen Unterschied machte, wenn ich Helens Wünsche erfüllte; entweder mußte sie sich schlecht oder böse fühlen oder sie mußte das Gefühl haben, ich sei schlecht oder böse, und sie sei gut.

Das war ja nun wirklich etwas, das es sich lohnte, herauszufinden, selbst wenn es bedeutete, immer wieder in ihre Falle zu gehen. Sobald ich das begriffen hatte, konnte ich mich leicht einlassen, aber sie gleichzeitig darauf hinweisen, was da vor sich ging. Ich mußte selbst nicht mehr so vorsichtig vorgehen, denn ich wußte ja, was auch immer ich tat, ich würde am Ende als Schurke oder als Held dastehen. Dennoch bemühte ich mich, ihr nicht allzu leicht in die Falle zu gehen, aber Helen war überaus clever und ersann endlose Varianten. Was zählte, war, daß ihr nicht nur bewußt wurde, wie sie sich und anderen Fallen stellte, sondern daß sie mir auch dankbar für meine Bereitschaft war, auf ihre Fallen einzugehen, ohne sie einen Preis dafür entrichten zu lassen bzw. selbst einen Preis dafür bezahlen zu müssen.

Helen ist unverheiratet und wünscht sich einen Mann und Kinder. Sie reagiert extrem empfindlich auf jegliche Erörterung dieser Themen. Zwischen uns hat sich eine Gepflogenheit entwickelt, wie wir über Sex, Männer, Masturbation und Rendezvous reden können. Sie sagte mir, und ich bin geneigt, ihr das zu glauben, daß sie in den fünf Jahren ihrer Psychoanalyse nie imstande gewesen sei, über Männer und Sex zu reden, deshalb habe sie in diesen Punkten einfach gelogen. Wenn wir uns einigen, über Sex zu reden, wird Helen sehr abwehrend. Sie fühlt sich angegriffen, ganz gleichgültig, was ich sage. Ich bin mit diesem Verlauf inzwischen schon genügend vertraut, so daß ich sie einfach machen lasse. Bald darauf weint sie, und danach ist sie imstande, sich zu beruhigen, und sich ohne Erhitzung und Schrecken anzusehen, worüber wir gesprochen haben. Nach zwei Jahren können wir jetzt mühelos über Sex und Männer sprechen. Sogar über Helens Gefühle gegenüber ihrem Vater.

Oft, wenn Helen verärgert ist, zieht sie sich in ihr Schneckenhaus zurück. Ihr Rückzug ist jedoch nicht bloß eine simple Form des Schmollens. Um ihren Schuldgefühlen über ihre Wut zu entgehen, bricht sie den Kontakt ab, und dann ist ihre Verweigerung radikal. Sie beginnt zu glauben, daß ich böse auf sie sei und daß sie die Therapie abbrechen sollte. Sie beschließt, ein letztes Mal zu kommen, und wenn sie da ist, meint sie, es reiche aus, wenn sie bloß dasitzt und nichts sagt, da es ja ohnedies die letzte Sitzung ist und alles hoffnungslos verfahren ist. Meine Aufgabe ist es, irgendein Mittel zu finden, um Helen zu gestatten, ihre Aggressionen gegen mich zu erkennen, ohne durch ihre Schuldgefühle gelähmt zu sein. Wenn sie nicht eine außergewöhnlich reizvolle Person wäre, könnte ich mich bereitfinden, sie gehen zu lassen und damit hat es sich. Selbst so stellt mich das auf eine harte Probe. Ihre Aggressionen werden rasch von Schuldgefühlen oder Trotz zugedeckt. Das ist nicht verwunderlich; die Lehrbücher sind voll von solchen Beispielen. Der Unterschied liegt in der Intensität, mit der Helen sich selbst oder mich attackiert. Ihr Gesicht verzieht sich zu einer haßerfüllten Grimasse, ihre Finger zerkrallen die Luft mit Gesten des Ekels, ihre Stimme krächzt. Meine einzige Hoffnung ist, Helen bewußt zu machen, wieviel Spaß ihr die ganze Sache macht, oder sie zum Lachen zu bringen. Denn jetzt sind wir hinreichend gute Freunde, so daß ich ihr Unglück akzeptieren kann, ohne in dessen Sog zu geraten. Und nachdem ich mein Eintrittsgeld bezahlt habe, indem ich ihr anfangs gestattete, mich mit ihrem Unglück anzustecken, kann ich sie jetzt auffordern, aus dem Verein auszutreten, indem ich draußen bleibe und an sie appelliere, sich zu mir zu gesellen.

Das ist viel verlangt. Helen hat den größten Teil ihres erwachsenen Lebens und einen beträchtlichen Teil ihrer Kindheit damit zugebracht, ihre Welt so zu manipulieren, daß sie die Sicherheit haben kann, abgelehnt zu werden oder andere abzulehnen. Sie schließt zwar jetzt Freundschaften, aber sie ist sich bewußt, daß sie zur Hälfte nur so tut als ob. Anfangs ist sie brav und wirbt um ihre Freundin, aber dann sammelt sie eine Reihe von Verfehlungen, und sobald sich bei ihr genügend Groll oder Schuldgefühle angestaut haben, greift sie ihre neue Freundin an. Aber dieser Angriff ist nicht etwas, das die neue Freundin bloß unglücklich macht. Helens Angriff hat das Ziel, die neue Freundin zu zerstören, zu vernichten.

Ich bin nicht der geduldigste aller Männer, deshalb muß ich, wenn ich mit Helen arbeiten will, auch an mir selbst arbeiten. Ich muß lernen, geduldiger zu werden, ich muß lernen, mich in Fallen locken zu lassen und mich nicht verletzbar zu fühlen, ich muß imstande sein, ihre gewaltigen, gegen mich gerichteten Aggressionen zu ertragen, muß lernen, mich von ihrem eigenen Unglück nicht überwältigen zu lassen. Indem ich mit Helen mitgehe, muß ich mich also selbst weiterentwickeln. Ich neige zu dem Glauben, daß mich Helen gelehrt hat, ein besserer Therapeut zu werden, und daß sie, weil ich aufrichtig davon gesprochen habe, was ich ihr verdanke, eher bereit ist, mir zu vertrauen und zu glauben, daß ich ehrlich an ihrem Wohl interessiert bin.

So schlingern wir von Krise zu Krise. Aus meiner Sicht verlieren diese Krisen an Intensität und erfolgen in größeren Abständen. Ihr berufliches Leben ist gesicherter; auch ihre sozialen Kontakte haben sich gebessert. In bezug auf Männer fühlt sie sich noch unsicher, aber sie hat ihre Freundschaft jetzt auch auf Männer ausgedehnt — eine neue Entwicklung. Was als nächstes geschieht, werden wir in der nächsten Sitzung sehen. Und in der übernächsten...

4. Beispiel einer Sitzung

Dies ist eine Sitzung mit Harold, in der ein Großteil des Materials, mit dem wir uns seit über einem Jahr beschäftigt haben, rekapituliert wird. Ich fühlte mich berechtigt, wiederholt zusammenzufassen, da wir einen großen Teil davon mehrfach in verschiedenen Zusammenhängen behandelt hatten.

HAROLD: In der Gruppe habe ich mich unlängst gegenüber Terry geöffnet und ihm gesagt, daß ich sein Freund sein wolle, und wir haben uns umarmt. In derselben Woche habe ich ihn angerufen und ihn und Jeanette besucht. Dabei fühlte ich mich mies. Ich hatte das Gefühl, nicht dort sein zu wollen, ich wollte bloß allein sein. Dann habe ich es nicht geschafft zu gehen. Ich blieb viel länger, als ich es wollte. Ich war so wütend über mich selbst. Ich fühlte mich miserabel.

ICH: Hast du dich ungeschickt oder linkisch gefühlt, als du Terry besuchtest?

HAROLD: Ja, ja. Ich *habe* mich linkisch gefühlt. *(Lächelt erfreut.)*

ICH *(doziere. Biete Informationen.)*: Sooft wir etwas Neues, Ungewohntes anfangen, fühlen wir uns ungeschickt oder linkisch. Kannst du dich erinnern, als du deine Therapie begonnen hast, wie schwer es dir gefallen ist, herzukommen und mit mir zu sprechen? Bis du deine Verlegenheit überwunden hattest, war dies eine Barriere, die dich daran hinderte, offener zu werden und mir näherzukommen. Und kannst du dich erinnern, als du die Idee hattest, dich Linda zu nähern, wie dir das anfangs Angst machte, du glaubtest, kein Recht zu haben, auf sie zuzugehen, und wie linkisch du dich fühltest, als du sie um ein Rendezvous batest.

Harold nickt.

ICH: Wenn du etwas Neues entwickeln willst, wirst du dich anfangs mit deiner eigenen Ungeschicklichkeit abfinden müssen. Du wirst es riskieren müssen, verlegen oder linkisch oder ungeschickt zu sein *(Ende des Vortrags).* Was wäre gut daran, linkisch zu sein und daran festzuhalten?

HAROLD: Ich könnte bei meinen eigenen Gefühlen bleiben und ignorieren, was um mich herum vorgeht. Ich könnte mich so unbehaglich fühlen, daß ich mir sagen könnte, es lohne sich nicht, mit all dem weiterzumachen, und könnte mich dann zurückziehen. Aber das alles habe ich nicht erwartet.

ICH: Was hast du erwartet?

HAROLD: Ich dachte, nach diesem Erlebnis in der Gruppe würde alles

leicht sein. Ich dachte, Terry und ich würden jetzt Freunde sein.
ICH: Ihr würdet Freunde sein?
HAROLD: Ja. Ich dachte, jetzt, da ich ihn umarmt habe, *muß* ich mich ihm nahe fühlen. Aber stattdessen fühle ich mich verlegen.
ICH: Du mußt dich ihm nahe fühlen? Woher hast du denn diese Idee?
HAROLD *(zuckt die Achseln)*: Ich weiß nicht. Ich habe sie einfach.
ICH: Nun, von irgendwo muß sie ja herkommen.
HAROLD: Ich weiß es nicht.
ICH: Wer sagt, wenn du Terry einmal umarmst, *mußt* du sein Freund sein?
HAROLD: Ich, wahrscheinlich.
ICH: Kannst du dich erinnern, als du anfingst, mit Linda zu schlafen, hattest du die Vorstellung, daß du in sie verliebt sein müßtest, sobald du mit ihr geschlafen hast? Kannst du dich erinnern, daß du damals meintest, wenn du mit ihr geschlafen hast, müßtest du sie sehen wollen, wenn sie dich sehen will, und als du weggehen wolltest, daß du nicht das Recht dazu hättest.
HAROLD: Ja, jetzt erinnere ich mich daran, aber ich vergesse diese Dinge.
ICH: Aber du kannst dich jetzt leichter daran erinnern. Merkst du jetzt, daß du dazu neigst, Regeln aufzustellen, wie die Dinge sein sollten, und dich dann überwältigt zu fühlen?
HAROLD: Im jeweiligen Augenblick weiß ich nicht, daß ich das tue. Ich habe einfach das Gefühl, so sollten die Dinge sein.
ICH: Und dann wirst du ärgerlich und lehnst dich gegen die Regeln auf, denen du dich unterwerfen mußt. Aber wer hat sie geschaffen?
HAROLD *(nach einem Schweigen)*: Ich weiß, daß ich es war, aber in dem Augenblick, in dem ich die Regeln aufstelle, ist mir nicht bewußt, daß ich das tue.
ICH: Ich glaube, was geschieht, ist, daß du zunächst ein Gefühl hast — ich möchte mit Terry befreundet sein, ich möchte mit Linda schlafen — und dann beginnst du darüber *nachzudenken* und stellst alle möglichen Regeln auf. Wenn ich Terrys Freund sein möchte, dann *sollte* ich *immer* wie er sein, ich *sollte* mich ihm die ganze Zeit nahe fühlen. Wenn ich mit Linda schlafen möchte, dann *sollte* ich mich in sie verlieben, ich *sollte* sie immer sehen wollen, ich *sollte* sie glücklich machen wollen. Natürlich beginnst du dich gegen diese Lasten aufzulehnen, und du fühlst dich schuldig, wenn du den Ansprüchen nicht gerecht werden kannst, die du geschaffen hast.
HAROLD *(in großer Frustration)*: Warum tue ich das immer wieder? *(Pause)*. Ich weiß, daß ich es nicht muß, aber das vergesse ich ständig.

ICH: Wie kommt es, daß du so leicht vergißt, was du mit so großer Mühe gelernt hast?
HAROLD: Ich weiß es nicht. Ich denke einfach nicht nach.
ICH: Ich glaube, was du tust, ist, du vermeidest Denken und Fühlen. Daß du Linda lieben *solltest,* ist eine überlebte Idee aus der Vergangenheit. Daß du Terrys bester Freund sein *solltest* und ihn immer mögen *solltest,* ebenso. Wenn du es vermeidest, dich selbst wissen zu lassen, was du fühlst und was du denkst, wenn du dich stattdessen damit zufrieden gibst, auf alte, verstaubte Platten zu hören, was geschehen sollte, dann fährst du dich fest.
HAROLD: Ich bin festgefahren!
ICH: Ich weiß, daß ich mich festfahre, wenn ich mich nicht gut fühle. In meiner eigenen Vergangenheit war es leicht für mich, Maschinen und Werkzeuge zu ignorieren. Es ist immer noch leicht für mich, das zu tun, aber wenn ich mir Mühe gebe, kann ich lernen und habe dann ein besseres Gefühl mir selbst gegenüber. In deinem Fall war es leicht, etwas über Maschinen und Werkzeuge zu wissen, aber nicht über Gefühle. Wenn du dir die Zeit nimmst, bei deinen Gefühlen zu bleiben, dann fühlst du dich stärker und besser in bezug auf dich selbst und hast den Eindruck, das steuern zu können, was in deinem Leben geschieht.
HAROLD: Du hast recht! Ich denke nicht nach. Ich will nicht fühlen. Es erscheint mir so mühsam.
ICH: Und was geschieht dann?
HAROLD: Dann bedrückt mich das, was ich tun sollte, was von mir erwartet wird. Und dann werde ich trotzig. Ihr könnt mich mal! Ihr werdet mir nicht vorschreiben, was ich zu tun habe! Und deshalb tue ich gar nichts.
ICH: Laß mich versuchen, etwas klarzustellen. Zuerst ignorierst du deine eigenen Gefühle und ersetzt sie durch alte Gedanken. Dann wirst du wütend und ziehst dich zurück. Was du damit tust, ist, du verläßt deine eigene Erfahrung und ersetzt sie durch ein Drehbuch. Was dir nicht bewußt zu sein scheint, ist, daß das Drehbuch weitergeht, so daß du dich schließlich von Linda oder Terry wegen ihrer vermeintlichen Ansprüche zurückziehen und dich dabei gerechtfertigt fühlen kannst. Da bist du also, selbstgerecht und einsam. Und wie fühlst du dich jetzt?
HAROLD: Schuldig! Schuldig! Schuldig! Ich fühle mich schuldig, wenn ich den Erwartungen Lindas nicht gerecht werde, und ich fühle mich schuldig, wenn ich sie meide, weil ich ihren Ansprüchen nicht gerecht werden

will oder den Ansprüchen, die ich ihr zuschreibe.

ICH: Und immer, wenn du dich schuldig fühlst, möchtest du jemand anderem die Schuld zuschieben.

HAROLD: Ich weiß das alles, aber was kann ich tun? Wir haben das alles schon so oft durchgekaut.

ICH: Es spielt keine Rolle, wie oft wir das durchkauen. Worauf es ankommt, ist, daß du erkennst, was du dir und anderen antust. Du gehst immer noch von deinen Gefühlen weg, und jetzt, da du dich nicht mehr berechtigt glaubst, Terry oder Linda wegen deiner eigenen Gedanken zu beschuldigen, willst du mich veranlassen, dich zu beschuldigen. Du bist entschlossen, dich schuldig zu fühlen, so oder so.

HAROLD: Aber wird das nie ein Ende nehmen? Wie werde ich meine Schuldgefühle je los?

ICH: Was tust du denn jetzt, in dieser ganzen Sitzung?

HAROLD: Ich — ich fühle mich hilflos und bitte dich, mir alle Lösungen zu sagen.

ICH: Und ich habe dir wahrscheinlich schon zu viel gesagt. Soll ich mich jetzt mit dir schuldig fühlen? Soll ich mich dir anschließen, indem ich dir noch mehr Schuldgefühle mache? Was willst du von mir?

HAROLD: Natürlich möchte ich von dir, daß du mir alle Lösungen sagst. Das ist einfacher.

ICH: Vielleicht ist das der Grund, warum du von manchen dieser Sitzungen so wenig hast. Ich mache es dir zu leicht. Du stellst mir Fragen, und der gute alte Dan sagt dir die Antworten. Er fühlt sich gut und du fühlst dich gut, und wir kommen nicht voran. Weshalb ist es so? Vielleicht ziehst du keinen großen Nutzen aus den Antworten, die er dir gibt, und dann hast du Schuldgefühle, daß du ihm nicht zugehört hast, als er so freundlich war, deine Fragen zu beantworten.

HAROLD: Nun, ich habe dich gefragt, was ich tun könnte.

ICH: Mach dir bewußt, was du tust. Du spielst den Hilflosen. Du schaust dich nach jemandem um, der deine Arbeit macht. Du vermeidest es, darüber nachzudenken, was du herbeigeführt hast. Ich gebe zu, daß ich dabei zu bereitwillig mitspiele. Du vermeidest, darüber nachzudenken, was geschieht, was du empfindest. Beim geringsten Anlaß bist du bereit, dich schuldig zu fühlen?

HAROLD: Nun, wenn man sich schuldig fühlt, dann bedeutet das, daß man gern besser gehandelt hätte. Es bedeutet, daß niemand einen wegen

Dinge anklagen kann, die man unterlassen hat, wenn man sich gleich selbst anklagt. Es bedeutet, daß man vollkommen sein sollte, und man kann sich im voraus dafür entschuldigen, nicht vollkommen zu sein. Es bedeutet, daß man vermeiden kann, was man vermeiden möchte, und bloß ein kleines bißchen dafür zu bezahlen braucht, indem man sich schuldig fühlt.
ICH: Also hast du eine Menge davon, dich schuldig zu fühlen.
HAROLD: O ja. Ich fühle mich seit langem schuldig. Ich kenne das sehr gut.
ICH: Ich hoffe, du machst dir auch weiterhin bewußt, welchen Nutzen du daraus ziehst. Nehmen wir einmal an, du könntest all die Dinge tun, die du tun willst, ohne dich schuldig zu fühlen. Ich glaube, du erwähntest, nicht angeklagt zu werden, nicht vollkommen sein zu müssen, sich nicht im voraus entschuldigen zu müssen, nicht vermeiden zu müssen, was du tun willst.
HAROLD: Wie könnte das gehen?
ICH: Wie wäre es, wenn du die Verantwortung für dich selbst übernimmst? Dann brauchst du dich nicht anzuklagen: Ich wollte das tun. Ich wollte jenes tun. Ich wollte das nicht tun. Ich wollte jenes nicht tun.
HAROLD: Wumm! Ich bin nicht sicher. Ich glaube nicht, daß ich dazu schon bereit bin.
ICH: Du fühlst dich also mit deinen Schuldgefühlen einigermaßen wohl und ziehst sie einem verantwortlichen Verhalten vor?
HAROLD: Ich glaube, ja. Aber das war mir noch nie so bewußt. Vielleicht möchte ich schon für mich verantwortlich sein. Aber in diesem Augenblick macht mir das zu große Angst. Wenn du einverstanden bist, möchte ich mich darauf beschränken, zu erkennen, wann ich mich auf einen Schuldtrip begebe, und es damit bewenden lassen.
ICH: Wenn ich einverstanden bin? Versuchst du jetzt, mich für dich verantwortlich zu machen? Das lehne ich ab. Du kannst für dich selbst entscheiden. Wenn du dich entscheidest, jetzt nicht verantwortlich zu sein, wirst du dich dann schuldig fühlen?
HAROLD: Nein. Wenn ich dafür verantwortlich sein kann zu wissen, wann ich es vorziehe, mich schuldig zu fühlen, wann ich mich dafür entscheide, mich schuldig zu fühlen, dann brauche ich mich deshalb nicht schuldig zu fühlen. Hm, was sage ich da! Wenn ich mich dafür *entscheide,* mich schuldig zu fühlen, dann kann ich mich schuldig fühlen, ohne mich wegen meiner Entscheidung schuldig zu fühlen. Ist das logisch?
ICH: Für mich ja.

HAROLD: Da ist noch etwas, worüber ich sprechen möchte. Wenn ich mir vorstelle, eine enge Beziehung zu Terry zu haben, dann regt mich das auf. Nein, ich meine nicht sexuell. Ich glaube, ich weiß genug über meine homosexuellen Gefühle, um mir darüber keine Sorgen zu machen. Aber gleichzeitig regt es mich auf. Ich kriege Angst. Was wird als nächstes geschehen? Ich mache mir Sorgen. Ich fürchte, er wird mir zu nahe kommen.
ICH: Zu nahe?
HAROLD: Ja. Ich fürchte mich vor Nähe. Daß er, wenn er mir nahekommt und wir gute Freunde werden, mich vereinnahmen wird.
ICH: Dich vereinnahmen?
HAROLD: Nun, nicht gerade vereinnahmen. Ich weiß nicht. Ich glaube, er wird all diese Dinge von mir wollen, und ich werde sie ihm geben müssen. Ich glaube, ich werde nicht imstande sein zu tun, was ich will.
ICH: Warum nicht?
HAROLD: Ich glaube, wenn ich nicht genau das tue, was er will, dann wird er wütend werden und aufhören, mein Freund zu sein.
ICH: Willst du damit sagen, um mit Terry befreundet zu sein, mußt du dich seinen Wünschen unterwerfen und deine eigenen ignorieren?
HAROLD: Ich glaube, das sage ich, aber wenn ich es höre, klingt es nicht sehr vernünftig.
ICH: Kannst du versuchen, mir zu sagen, wovor du dich fürchtest?
HAROLD: Nun, es ist keine Machtfrage. Ich fürchte mich nicht davor, ich fürchte nicht, von Terry unterdrückt zu werden.
ICH: Bist du sicher?
HAROLD: Nein. Die Wahrheit ist, ich bin nicht so sicher. Ich glaube, ich komme normalerweise ganz gut zurecht, aber wenn ich eine enge Beziehung habe, dann werde ich verwirrt. Dann bin ich nicht mehr sicher, was ich fühle.
ICH: In bezug worauf bist du verwirrt?
HAROLD: Hm. Ich werde verwirrt, weil ich nicht weiß, was richtig ist. Ich werde verwirrt, weil ich nicht sicher bin, wo er ist und wo ich bin.
ICH: Suchst du jetzt wieder nach Regeln dafür, was richtig ist?
HAROLD: Ja. Wahrscheinlich.
ICH: Was ist richtig in einer Freundschaft?
HAROLD: Alles, worauf wir uns beide einigen können, was uns beiden gefällt, vermute ich.
ICH: Du vermutest?

HAROLD: Also gut. Ich versuche, mich zu drücken. Wir können beide entscheiden, in welcher Weise wir Freunde sein wollen.
ICH: Aber du klingst so wütend, wenn du das sagst. Warum?
HAROLD: Weil ich tief drinnen doch das Gefühl habe, daß es eine richtige Art gibt, befreundet zu sein, egal was ich im Kopf wissen mag, daß es eine richtige Art gibt, Dinge zu tun.
ICH: Dann sage mir die richtige Art, Dinge zu tun.
HAROLD: Man muß —
ICH: *Man* muß? Meinst du *dich* oder *mich?*
HAROLD: Man muß —
ICH: Aber kannst du verstehen, daß, wenn *du* etwas mußt, *ich* es nicht auch muß?
HAROLD: Nein. Das verstehe ich wirklich nicht. Wir müssen alle dasselbe tun. Das sagt mir mein Gefühl. Ich kann es nicht ändern. Ich weiß, daß es Unsinn ist, aber so empfinde ich es.
ICH: Dann laß dich das empfinden. Spüre jetzt im Augenblick, daß du eine Vorstellung hast, wie eine Freundschaft sein sollte, und dann versuche zu spüren, was geschieht, wenn Terry eine andere Vorstellung hat, wie eine Freundschaft sein sollte.
HAROLD: Dann werden wir uns natürlich streiten. Und der Stärkere wird den Schwächeren beherrschen.
ICH: Und das nennst du Freundschaft? Kein Wunder, daß es dir so schwer fällt, Terry näherzukommen.
HAROLD: Nein. Das nenne ich nicht Freundschaft. Ich kann mich in eine Angst hineinsteigern, bei dem Machtkampf zu unterliegen. Aber ich glaube ganz ehrlich, daß es mir noch größere Angst macht, mich ihm nahe zu fühlen. Es ist nicht so schlimm, mich mit ihm als Freund zu streiten. Das ist leichter, als mich ihm nahe zu fühlen.
ICH: Versuche dir vorzustellen, daß er jetzt hier ist. Daß du dich ihm nahe fühlst und er sich dir nahe fühlt.
HAROLD: Ich habe das Gefühl zu verschwinden. Daß er mich verschlingt, daß er mich vereinnahmen muß. Nicht wegen des Machtkampfes, sondern bloß, daß ich niemandem nahe sein kann, ohne zu verschwinden.
ICH: Was für ein Gefühl ist das, vereinnahmt zu werden?
HAROLD: Ich habe riesige Angst und fühle mich sehr klein.
ICH: Versuche einmal, das in deiner Vorstellung geschehen zu lassen, vereinnahmt zu werden. Könntest du schauen, wie das ist, von Terry ver-

schlungen zu werden?
HAROLD *(nach einer Pause):* Ich fühle mich nicht so schlecht. Es gefällt mir irgendwie. Ich fühle mich warm und geschützt und ohne Angst. Es ist irgendwie angenehm. *(Pause)* Aber jetzt fange ich an, mich etwas zu langweilen.
ICH: Könntest du dich jetzt von Terry trennen, nachdem er dich vereinnahmt hat?
HAROLD: Sicher. Jetzt fühle ich mich besser. Jetzt bin ich außerhalb von ihm.
ICH: Wie fühlst du dich?
HAROLD: Ich fühle mich gut. Es hat mir gefallen, verschlungen zu werden, und dann begann ich mich zu langweilen. Und ich fühle mich jetzt besser, nachdem ich mich darauf eingelassen habe, das Ganze zu tun.
ICH: Was empfindest du jetzt bei der Vorstellung, Terry nahe zu sein?
HAROLD: Es macht mir keine so große Angst mehr, ihm nahe zu sein. Ich glaube, wenn ich es möchte, kann ich ihm nahekommen und mich sogar vereinnahmen lassen und das genießen. Und wenn ich es nicht mag, dann kann ich es stoppen, glaube ich.
ICH: Du glaubst?
HAROLD: Ja gut, gut. Ich muß ihm nicht näher kommen, als ich es will.
ICH: Sagst du das, um mir eine Freude zu machen, weil es die »richtige« Antwort ist?
HAROLD: Ich weiß es nicht.
ICH: Wen kann ich fragen?
HAROLD *(wütend):* Na gut. Ich will es also nicht wissen.
ICH: Wenn du damit zufrieden bist, bin ich auch damit zufrieden. Es ist dein Leben nicht das meine. Und du kannst leben, wie du willst.
HAROLD: Es gefällt mir nicht, aber ich kriege es manchmal satt, die ganze Zeit verantwortlich sein zu müssen.
ICH: Und trotzdem willst du dich nicht von Terry oder Linda oder mir vereinnahmen lassen. Am Ende bist du unglücklich, ganz gleich, was geschieht. Unglücklich, schuldbewußt, wütend. Vielleicht ist das ein guter Punkt, aufzuhören — indem du diese Gefühle wahrnimmst.
HAROLD: Ich will aber nicht.
ICH: Ich bin nicht so sicher. Schau dir einmal an, was es dir bringt, dich da festzubeißen, und wenn *du* willst, können wir wieder darüber sprechen.

5. Scheitern und Abschied

Es wird nichts. Wir sind beide unzufrieden. Ich weiß, warum ich es bin, weil ich eine Menge Erfahrung habe, weil es zu meinem Beruf gehört, mir dessen bewußt zu sein, was zwischen uns geschieht und nicht geschieht, und wie ich darauf reagiere. Ich versuche mit dir über die Tatsache zu reden, daß du wiederholt zu Sitzungen zu spät kommst, daß du kein besonderes Interesse zeigst, wenn ich dich darauf hinweise, daß du manchmal überhaupt nicht erscheinst und nicht einmal anrufst, um mir Bescheid zu sagen. Ich weise dich darauf hin und frage mich dabei, ob du mich zu provozieren versuchst, aber du trägst immer noch einen Mangel an Interesse zur Schau. Ich merke, daß ich jetzt ärgerlich werde. Ich erkläre dir, was ich empfinde, daß du die Therapie, statt sie als eine Partnerschaft zu betrachten, in der wir um eines gemeinsamen Anliegens willen zusammenkommen, in etwas verwandelst, das deinen Launen zu gehorchen hat.

Ich frage dich, wie wir vorgehen sollen, was du in bezug auf dein Zuspätkommen zu tun gedenkst, welche Gefühle meine Worte bei dir auslösen. Du tust immer noch gleichgültig, dann wirst du etwas ärgerlich, weil ich dich zu etwas dränge, worauf du keinen Einfluß hast. Du kannst nichts dafür, wenn du zu spät kommst; es ist ein Teil deiner Natur; du bist immer zu spät gekommen; du wurdest zu spät geboren, eine Woche zu spät; die Entbindung dauerte siebzehn Stunden. Wieder zu spät. Ich weise dich darauf hin, daß du mir sagst, du seiest hilflos, das entziehe sich deiner Kontrolle, aber wenn du in ein Theaterstück oder in einen Film gehst, die du sehen willst, dann erscheinst du rechtzeitig; daß du als Schülerin rechtzeitig in die Schule kamst, aber jetzt behauptest du plötzlich, daß das worauf wir uns geeinigt haben, deine Fähigkeiten überschreite. Ich fühle mich jetzt weniger verärgert, aber dafür skeptischer.

Ich frage erneut, worauf wir uns angesichts meiner Bedürfnisse einigen könnten. Du protestierst, daß ich nicht fair sei, daß ich genau wie deine Eltern sei und wie der Rest der Welt; ich verstünde dich nicht, ich akzeptierte dich nicht, wie du bist, ich versuchte ständig, dich zu etwas zu machen, was du nicht bist.

Ich verspreche dir, dich zu akzeptieren, wenn du mich akzeptierst. Ich bin nicht sicher, daß ich diejenige akzeptieren will, die du zu sein behauptest, wenn ich Grund zur Annahme habe, daß dies ein Trick ist, um das zu manipulieren, was zwischen uns geschieht. Wenn es dir wirklich unmöglich ist, pünktlich herzukommen, dann werden wir die Abmachungen zwischen uns ändern müssen. Wenn ich mich nicht darauf verlassen kann, daß du pünktlich kommst, welche neuen Abmachungen können wir dann treffen?

Du antwortest nicht. Du schmollst. Du willst es einfach offenlassen; wenn du da bist, bist du da. Warum bin ich so kleinlich in bezug auf Zeit? Ich habe nicht das Gefühl, kleinlich zu sein. Wir haben bloß fünfzig kostbare Minuten, die wir zusammen verbringen können, und es scheint dir gleichgültig zu sein, ob wir zusammenkommen oder nicht und ob du zehn, zwanzig oder dreißig Minuten zu spät kommst. Was sagst du damit über mich und deine Therapie? Sagst du mir damit indirekt, daß sie dir nicht sehr wichtig ist und daß du sie nicht für sinnvoll hälst? Warum sagst du mir das nicht direkt, so daß wir darüber sprechen können?

Nun, du gibst widerwillig zu, daß du nicht den Eindruck hast, sie entwickle sich gut, und daß du nicht viel davon hast.

Ich frage dich, wie das kommt; was du willst, was nicht geschieht; und du erwiderst, daß du dich nicht akzeptiert fühlst, daß dir, selbst wenn ich über dein Zuspätkommen nichts sage, mein Gesichtsausdruck nicht gefällt; daß du, wenn du diesen Ausdruck siehst, sauer wirst und nicht mit mir reden willst.

Ich frage mich, ob du mich reinlegen willst, indem du zuerst zu spät kommst und dann nicht erkennst, daß du mich möglicherweise zu provozieren versuchst; ob du nicht vielleicht Schuldgefühle hast, weil du zu spät kommst und dann versuchst, mir die Schuld zu geben, indem du meinen Gesichtsausdruck interpretierst, ohne mich darüber zu befragen.

Du hast keine Lust, die Diskussion fortzusetzen. Du bist heute zu spät gekommen; deine Zeit ist fast abgelaufen und wir haben über nichts Wichtiges gesprochen. Da waren eine Menge Dinge, die du mir erzählen wolltest, und jetzt ist keine Zeit dafür.

Ich weise dich darauf hin, daß du wiederum mir die Schuld gibst, daß du nicht die Verantwortung dafür übernimmst, rechtzeitig hierher zu kommen, und keine Verantwortung dafür, was in der Situation geschieht. Wenn du etwas hattest, worüber du sprechen wolltest, hättest du mich jederzeit unterbrechen können, aber du hast dich dafür entschieden, bis zum Ende der Stunden den Mund zu halten und dann mich zu beschuldigen, ich hielte dich davon ab, über Dinge zu reden, die dir wichtig seien.

Du antwortest nicht. Du bist noch verärgert, und fährst fort zu schmollen. Ich erinnere dich, daß ich dich dreimal um Vorschläge ersuchte, was wir tun sollten, welche neuen Abmachungen du in bezug auf dein Zuspätkommen treffen wolltest, und daß du dir nicht die Mühe machtest zu antworten. Ich bitte dich, darüber nachzudenken, und mich bei unserer nächsten Sitzung wissen zu lassen, was du vorschlägst.

Ich gestehe, daß ich all das irritierend finde, daß ich kein Zeitmesser sein möchte, daß ich die Uhr nicht ständig im Auge behalten will. Doch wenn du wiederholt zu spät oder gar nicht erscheinst, dann lädst du mich dazu ein, darüber zu reden, und dann ignorierst du, was du herausgefordert hast. Ich biete dir die Deutung an, daß das, was du mir durch dein Verhalten in bezug auf Zeit sagst, dem entspricht, was du mir und deiner Therapie gegenüber empfindest: daß ich, sie, wir, nicht wichtig genug sind, um sich Mühe zu geben, oder daß der Umgang mit uns zu bedrohlich ist, um ihn ernstzunehmen. Damit hören wir für diesen Tag auf. Ich bin daran interessiert, dich nächstes Mal zu sehen, damit wir in diesem Punkt und was mir sonst noch wichtig erscheint, weitermachen können. Ich muß jetzt für mich selbst beschließen, was ich tun will, wenn du weiterhin zu spät kommst, und in mir läuft ein eigener innerer Dialog ab, sobald du gegangen bist. Ich muß ein Urteil fällen, ob du die Therapie fortsetzen willst, oder ob du dies als Mittel benutzt, um die Trennung in die Wege zu leiten. Ich muß entscheiden, ob ich dich daran hindern will, die Therapie abzubrechen, indem ich die Auseinandersetzung einschlafen lasse. Wenn ich das tue, wie groß ist dann die Wahrscheinlichkeit, daß sie sofort in anderer Form wieder aufflackern wird? Wenn ich das für wahrscheinlich halte, was ist dann damit gewonnen, wenn ich dem Problem jetzt ausweiche? Wenn ich zu warten beschließe,besteht eine Möglichkeit, daß du dich stärker für deine Therapie engagierst, so daß wir weitermachen können. Andererseits kann es sein, daß ich das Unvermeidliche bloß hinausschiebe. Vielleicht bist du zu diesem Zeitpunkt nicht bereit zu der Therapie. Du kommst mit deinem Leben recht gut zurecht und bist nicht in einer verzweifelten Situation. Du bist nicht furchtbar unglücklich, bloß chronisch unzufrieden und einigermaßen sauer. Vielleicht brauchst du mehr Zeit, um in dieser Weise fortzufahren, bis du erkennst, ob es dir die Mühe wert ist, mich zu regelmäßigen Sitzungen zu sehen. Vielleicht wirst du, wenn wir jetzt aufhören, erkennen, daß du nicht gezwungen wirst, irgend etwas zu tun, daß du entscheiden kannst, ob du eine Therapie willst oder nicht, ob du in die Therapie kommen willst oder nicht. Du bist für dein Leben verantwortlich, und du kannst es so führen, wie es dir gefällt.

Ich sehe jetzt klarer und bin weniger verärgert. Ich glaube, es könnte nützlich für dich sein, die Therapie jetzt abzubrechen, damit du entscheiden kannst, ob du sie wirklich willst oder nicht. Ich nehme mir vor, dir all dies bei unserer nächsten Sitzung zu sagen und dir die Entscheidung zu überlassen.

Du entscheidest, daß du im Grunde nicht kommen willst, daß du dich im Augenblick nicht mit den Problemen in deinem Leben auseinandersetzen willst, daß du zwar unglücklich bist, aber zurechtkommst, und daß du vielleicht später neu beginnen willst. Ich stimme dir zu und erkläre, daß ich, wenn du so weit bist, bereit sei, mit dir zu reden. Ich füge hinzu, wenn du künftig jemand anderen konsultieren willst, sei ich, obwohl ich gerne mit dir weitermachen würde, auch gerne bereit, dir zwei andere Therapeuten zu nennen.

Du scheinst erleichtert, und ich hoffe, daß du jetzt ohne Schuldgefühle aufhören kannst. Wir trennen uns freundschaftlich. Ich empfinde Bedauern. Meine eigene persönliche Phantasie ist, daß alle, die Therapie brauchen, sie auch bekommen sollten. Doch ich muß anerkennen, daß nicht alle sie wollen oder bereit sind, daran zu arbeiten. Dennoch, meine zweite Phantasie ist, daß ich, wenn jemand Therapie braucht, imstande sein sollte, einen Weg zu finden, daß sie/er sie bekommt. Widerwillig muß ich meine eigenen Grenzen anerkennen. Ich kann nicht alle erreichen, insbesondere wenn sie nicht erreicht werden wollen. Wenn ich es wollte, könnte ich mich hier noch mehr bemühen, aber was würde es mich kosten, mich gegenüber deiner Botschaft, daß du aufhören willst, blind zu stellen, um meine eigenen Phantasien zu schützen, daß alle, die zu mir in die Therapie kommen, diese fortsetzen wollen, daß jeder Mensch, der eine Therapie braucht, sie auch bekommen sollte, und daß ich imstande sein sollte, allen, die eine Therapie brauchen, eine solche zur Verfügung zu stellen? Ich erkenne, daß ich mich meinen eigenen Phantasien hingebe und meine Grenzen ignoriere, und deshalb höre ich auf und lasse dich einigermaßen zufrieden ziehen.

Die meisten Menschen gelangen niemals in die Praxis eines Therapeuten. Sie *kommen* einigermaßen *zurecht,* warum sich also um den Rest kümmern? In den langen Stunden der Nacht mögen sie das Gefühl haben, daß da etwas ist, was der Klärung bedürfte, aber sobald der Morgen dämmert, werden alle Zweifel beiseite geschoben.

Will ich damit sagen, daß alle eine Therapie bräuchten? Nein, keineswegs. Tatsächlich kommen ja die meisten Menschen mehr oder weniger erfolgreich mit ihrem Leben zurecht. Der beste Grund um zu einer Therapeutin zu gehen, ist, weil sich eine Person verändern will. Sie gibt sich nicht damit zufrieden, bloß zurechtzukommen, sie will sich selbst besser kennenlernen, will wachsen und sich entwickeln, will herausfinden, wer sie ist und wie sie damit leben kann.

Die meisten Menschen sind nicht bereit zu der Selbstkonfrontation, um die es in der Therapie geht. Entweder haben sie zu große Angst vor dem, was sie vorfinden werden oder was die Therapeutin ihnen helfen wird zu entdecken, oder sie ziehen es vor, sich vor der Selbsterkenntnis abzuschirmen und sich den Konsequenzen solcher Erkenntnis nicht zu stellen. Was ich damit sagen will, ist, daß ich nur eine ausgewählte Gruppe zu sehen bekomme — Menschen, die bereit sind, einen Therapeuten aufzusuchen und mit mir einen Lehrgang in Selbsterkenntnis und Selbst-Bewußtheit zu durchlaufen.

Was ich hier insbesondere erörtern möchte, ist, was selbst mit dieser ausgewählten Gruppe geschieht. Wie ernst ist es ihnen, und was passiert im Laufe der Therapie?

Zunächst möchte ich eine spezielle Gruppe erwähnen, die Reinschmecker. Eine kleine Zahl von Leuten kommt zu mir, die eine Therapie beginnen und nach weniger als einem halben Dutzend Sitzungen wieder beenden. Hier sind einige Beispiele dieser Quickies: Ralph ist ein Oberschullehrer mittleren Alters, der viele Jahre lang in Psychoanalyse war. Er hatte schließlich das Gefühl, sich einigermaßen im Griff zu haben, obwohl viele seiner ursprünglichen Schwierigkeiten im Leben weiter bestanden. Er war einsam, unverheiratet, unglücklich als Lehrer, unglücklich mit seiner Mutter, die sein Leben beherrschte. Seine neue junge Freundin, die er beeindrucken wollte, schlug ihm vor, es mit Gestalt-Therapie zu versuchen. Sie erzählte ihm, daß sie aus dieser Erfahrung großen Gewinn gezogen habe. Ralph, der ihr eine Freude machen wollte und der sich mit seinem Los einigermaßen unzufrieden fühlte, stattete dem Wunderheiler einen Besuch ab. Wir kamen rasch überein, daß Ralph wütend war, weil er sich trotz all der Zeit, des Geldes und Mühe, die er für die Psychoanalyse aufgewandt hatte, nicht in einen Traumprinzen verwandelt hatte und ihm sein Leben immer noch unbefriedigend erschien. Gleichzeitig machte mir Ralph klar, daß er nicht scharf darauf sei, sich erneut auf den, wie es ihm schien, langwierigen und ermüdenden Prozeß der Therapie einzulassen. Er räumte zwar ein, daß er es mit mir nicht so empfand, aber er war nicht bereit abzuwarten, als wie fruchtbar sich ein neuer Ansatz erweisen könnte.

Ich sagte ihm, er erinnere mich an eine starke, von einem Graben umgebene Burg, und ich hätte den Eindruck, daß er sich hinter seinen Mauern sicher, aber einsam fühle. Er lächelte und gab zu, daß er sein Leben auf diese Weise führe, aber fügte hinzu, daß er nicht die Absicht habe, auf seinen Graben oder seine Mauern zu verzichten. Ich appellierte an ihn, sich zu überlegen, was möglich sei, wenn er seine Kontakte so strikt begrenze. Aber Ralph brach nach seiner nächsten Zusammenkunft mit seiner Freundin die Beziehung zu ihr ab, und das machte es unnötig für ihn, seine Bemühungen fortzusetzen, sich ein neues Leben aufzubauen. Er brach auch seine Therapie ab. Es war also eindeutig, daß Ralph in die Therapie gekommen war, entweder, um seiner Freundin einen Gefallen zu tun, oder in der Erwartung eines Wunders. Sein eigenes Interesse an der Therapie war durch seine siebenjährige Freudsche Analyse längst erschöpft, und er war bereit, sich mit der Misere seines gegenwärtigen Lebens abzufinden.

Steven hatte einige Ähnlichkeit mit ihm hinsichtlich seiner Lebenssituation: In mittleren Jahren, einsam, unverheiratet, erfolglos als Rechtsanwalt. Eine Freundin hatte ihn überredet, es mit Gestalt-Therapie zu versuchen, und er machte einen Termin bei mir aus. Einige Jahre zuvor war er ein paar Mal bei einem Therapeuten gewesen, aber er gab zu, daß er ihm nicht vertraute, und er hatte die Therapie auch schnell wieder abgebrochen. Ich fragte ihn, warum er zu mir Zutrauen habe, und er antwortete ehrlich, daß dies nicht der Fall sei. Tatsächlich wollte er wissen, ob unsere Gespräche aufgezeichnet würden, welche Art von Notizen ich mir über ihn machte, wer diese nicht vorhandenen Notizen sehen werde etc. Ich forderte ihn auf, meine Praxis nach Aufzeichnungsgeräten zu durchsuchen, aber er lehnte es mit der Bemerkung ab, daß er so oder so überzeugt sei, daß unsere Gespräche aufgezeichnet würden.

Unsere wenigen Sitzungen waren höchst unerfreulich. Steven bestand darauf, mir seine »Lebensgeschichte« zu erzählen, aber als ich in dem einen oder anderen Punkt nachhakte, weigerte er sich, zu antworten. Als ich die Vermutung äußerte, er wolle bloß, daß ich dasitze und mir anhöre, was er mir erzähle, protestierte er, aber wenn ich ihm Fragen stellte, ignorierte er mich. Stevens Geschichte war einfach genug: Alle seine Schwierigkeiten stammten von Problemen zu Hause mit seinem Vater, seinem älteren Bruder, der ihm vorgezogen wurde, und seiner Mutter. Alle Schwierigkeiten, die ihm begegneten, konnten auf die Behandlung zurückgeführt werden, die ihm zu Hause zuteil geworden war. Resigniert und nichts Gutes ahnend erklärte ich mich bereit, mir Stevens Geschichte anzuhören. Wenn ich es akzeptierte, daß dies sein Wunsch war, dann würde er vielleicht anfangen, mich zu akzeptieren, wenn ich darauf einging. Ich sollte hinzufügen, daß ich Steven hinsichtlich meiner eigenen Gefühle nicht täuschte. Ich sagte ihm, ich wollte ihn kennenlernen und nicht seine »Geschichte«, aber wenn er darauf bestehe, mir seine Geschichte zu erzählen, würde ich ihm zuhören.

Als er mit seiner Geschichte fertig war, gestand er mir, daß er ganze Teile der Wahrheit weggelassen und mir nur ein oder zwei wahre Vorkommnisse wie seine Unterschlagungen und seinen Ausschluß aus der Anwaltschaft erzählt hatte. Er ließ dann seine nächsten beiden Termine platzen und rief mich schließlich an, um mir mitzuteilen, daß er sich die Therapie nicht länger leisten könne, da er mit seinen Investitionen Schwierigkeiten habe. Ich bot ihm an, herzukommen und mit mir darüber zu sprechen, aber ich sah ihn nie wieder.

Meine eigene Vermutung ist, daß sich Steven so davor fürchtete, sich selbst anzuschauen und herauszufinden, welche Rolle er in seinen eigenen Mißgeschicken spielte, daß er die therapeutische Situation nicht ertragen konnte. Selten habe ich dieses Gefühl, daß jemand *über mich hinweg* statt *mit* mir spricht, selten habe ich einen solchen Mangel an Bereitschaft erlebt, in einer Sitzung voranzugehen, außer auf sein eigenes Kommando. Aber trotz all dieser Kontrollmaßnahmen fühlte sich Steven zu stark bedroht und blieb weg.

Es gibt viele Varianten dieses Themas der Furcht davor, was die Therapie oder die Therapeutin verlangen werden, was zu einem raschen Abbruch der Therapie führen kann.

Henry war ein Sozialarbeiter, der Schwierigkeiten hatte, seine Prüfungen zu bestehen, und später, eine Stelle zu bekommen. Er war einmal verheiratet gewesen, war geschieden und gab seinen Eltern gegenüber jetzt vor, daß er ein zweites mal verheiratet sei, aber sich von seiner »zweiten Frau« trennen wolle. Henry hatte verschiedene Arten von Therapie hinter sich: Rationale Therapie, Psychoanalyse nach Horney und mehrere Encounter-Gruppen. Er blieb bei mir länger in Therapie als bei allen anderen (Hurra), aber ich bekam immer wieder zu hören, daß ihn nichts, was geschah, über sein intellektuelles Verständnis hinaus berühre, oder aber er lehnte meine Vorschläge als »lächerlich« ab.

Im Laufe der Therapie merkte ich, daß Henry extrem ängstlich und furchtsam war, obwohl er mit seinen 1,90 m auf den ersten Blick eher anderen Angst machte. Er fluchte häufig, trank viel und rauchte drei Schachteln Zigaretten pro Tag. Im Laufe der Zeit wurde Henry weniger ängstlich und furchtsam, aber er behauptete, das könne unabhängig von der Therapie geschehen sein und habe mit dieser wahrscheinlich nichts zu tun. Ich ließ durchblicken, daß er vielleicht auch vor mir Angst habe, aber das fand er »lächerlich«. Er konnte allenfalls akzeptieren, daß da etwas dran sein könnte, aber die Vorstellung überforderte ihn schlicht geistig. Er hatte mehrere Träume, in denen ich ihn bedrohte oder in denen er aggressiv gegen mich war, aber auch das waren für ihn nur Träume, und er konnte sich zu den Trauminhalten nicht in Beziehung setzen. Ich versuchte, Henry auf jede mir vorstellbare Weise zu erreichen, und als ich die Vermutung äußerte, daß er vielleicht ein Spiel mit mir spiele, bei dem ich versuchte, ihn zu packen und er mit Vergnügen zusah, während er sich allen meinen Bemühungen entzog, lachte er laut und sagte, das sei unmöglich.

Ich schlug Henry vor, die Therapie abzubrechen, da ich seine Schlußfolgerung teilte, daß er sich nicht gestatte, aus seiner Therapie Nutzen zu ziehen, und ich nicht guten Gewissens fortfahren könne, so zu tun, als sei er in Behandlung. Er wiedersprach dieser Deutung nicht wie in anderen Fällen, also trennten wir uns. Später schrieb er mir einen Brief und dankte mir für meine Bemühungen um ihn, und noch später sprach er mit einer Frau, von der er wußte, daß sie bei mir in Therapie war und ließ mir durch sie sagen, er werde eines Tages in die Therapie zurückkehren. Wenn es so weit ist, werde ich gern nochmals mit ihm beginnen.

Sophia war in ihrem letzten Studienjahr an einem renommierten Frauencollege und hatte zu Beginn des Semesters Schwierigkeiten beim Studium gehabt. Sie bestand darauf, mich sofort zu sehen, und da mein Terminkalender voll war, kam sie um 7 Uhr morgens zu mir. Sie teilte mir mit, daß sie einen »Nervenzusammenbruch« habe, und verbreitete sich dann in intelligenter und klarer Weise über die Natur dieses Zusammenbruchs.

Ich fragte sie, welche Vorteile ein Nervenzusammenbruch habe, und sie erklärte mir sofort, daß sie die Schule verlassen könne und daß ihr Freund sie bedauern werde und daß er aufhören werde, sie unter Druck zu setzen, ihm näherzukommen, liebevoller zu ihm zu sein und ihm mehr zu geben. Auch ihre Mutter hatte schon Nervenzusammenbrüche gehabt, und jetzt war sie an der Reihe, auf diese Weise ihren Willen durchzusetzen. Sie wollte ihr letztes Studienjahr nicht durchmachen und herausfinden, ob sie die Fähigkeiten besaß, die ihr andere zuschrieben, aber an denen sie selbst zweifelte.

Ich meinte, wenn sie vom College abgehen wolle, so sei dies möglich, aber es sei nicht nötig, deswegen einen Nervenzusammenbruch zu bekommen. Darüber war Sophia verärgert. Sie sagte, was sie von mir wolle, sei das, was Therapeuten normalerweise tun: ihr zuhören und ihr dann sagen, was sie tun solle. Wir redeten auch über andere Dinge, aber Sophia kam nicht mehr, und ich erwartete es auch nicht.

Später erfuhr ich, daß sie keinen Nervenzusammenbruch hatte, aber daß sie vom College abgegangen war. Ich bin nicht sicher, was sie in bezug auf eine Therapie tun wird.

Henry, Ralph, Sophia, Steven — was hätte ich tun können, um sie zu einer Fortsetzung ihrer Therapie zu bewegen? Wahrscheinlich nichts. Das mag vielleicht herzlos und selbstschützend klingen, aber es täuscht: ich glaube, daß keine dieser vier Personen allen Ernstes eine Therapie wollte, daß sie entweder etwas suchten, was ihnen die Therapie eingestandenermaßen nicht geben kann, oder daß sie nicht bereit waren, sich zu ihrem eigenen Nutzen dieser Mühe zu unterziehen. So gern ich mich auch der Illusion hingeben möchte, daß jeder Mensch, der zu mir kommt, eine Therapie erhalten solle oder mich als Therapeut haben müsse, sollte ich bescheidener sein. Um meine Aufgabe erfüllen zu können, muß ich mit jemandem arbeiten, der bereit ist, mir bis zu einem Punkt entgegenzukommen, an dem wir uns beide wohlfühlen können. Der ernsthafteste Mensch war Henry, aber Henry konnte sein tiefes Mißtrauen und sein Bedürfnis, sich von den Menschen zurückzuziehen, nicht aufgeben. Während der Zeit, in der wir miteinander arbeiteten, gelang es Henry, seine eigene Passivität zu erkennen und zu akzeptieren und später auch, damit umzugehen, zu erkennen, daß er Menschen von sich stieß, einschließlich seiner »zweiten Frau« und seiner Eltern, die er ebenso täuschte wie mich, und in seiner Arbeit größere Erfolge zu erzielen. Aber er fühlte sich immer noch ängstlich und unglücklich, und obwohl wir uns trennten, bedauere ich, daß ich nicht für ihn da sein konnte. Ich schickte ihn zu einem anderen Therapeuten, und diese Beziehung dauerte weniger als zwei Monate. Nähe war für Henry gleichbedeutend mit vereinnahmt werden, und deshalb konnte er nur ein Minimum an Therapie ertragen.

Jeder Therapeut ist in Versuchung, so überzeugt von sich zu sein, daß er sich einbildet, jeden Menschen behandeln zu können, der in seine Praxis kommt, in welcher Situation er auch sein möge. Psychologisch betrachtet könnte man von Allmachtsphantasien oder Narzißmus sprechen, in menschlicheren oder charakterologischen Begriffen könnte man es Arroganz oder Chuzpe nennen, aber wie man es auch bezeichnen mag, die Situation bleibt dieselbe: es ist unmöglich, jemanden zu behandeln, der nicht bereit ist zu kooperieren. Was Sophia, Ralph, Henry oder Steven betrifft, so glaube ich in aller Bescheidenheit, daß es wenig Unterschied machte, was ich tat oder nicht tat, daß diese Personen nicht therapeutisch ansprechbar waren. Falls Sie nun zu den Freunden der Psychotherapie zählen und die Überzeugung teilen, daß alle, die in eine Praxis kommen, zu einer Therapie bereit seien, dann müssen Sie mich als Versager betrachten. Aber falls Sie ehrlicher und weniger dogmatisch sind, werden Sie einsehen, daß es nicht genügt, die Praxis eines Therapeuten zu betreten, um sich in Behandlung zu befinden. Zögernd und zu meinem Bedauern muß ich also leider zu dem Schluß kommen, daß es mir nicht gelungen ist, diesen vier Menschen zu helfen. Wenn ich bereit gewesen wäre, jeden dieser vier dafür zu bezahlen, daß er zu mir kommt, wenn ich gewillt gewesen wäre, sie zu bitten, in Behandlung zu kommen, dann hätten wir uns vielleicht in irgendeiner Weise einigen können. Aber dann wäre ich nicht meiner eigenen Überzeugung treu geblieben, wie ich praktizieren möchte. Ich habe das Recht, die Bedingungen festzusetzen, die mir sinnvoll erscheinen, und meine Klienten haben das Recht, diese Bedingungen zu akzeptieren oder nicht. Wenn sie anderswo bessere oder angenehmere Bedingungen finden können, dann soll es mir recht sein. Wenn sie ein anderes Mal wiederkommen wollen, soll es mir ebenfalls recht sein. Die Initiative müssen sie ergreifen. Meine Tür steht ihnen offen, mein Telefon ist für sie da.

Diese vier Personen habe ich bewußt für den Anfang ausgewählt, weil die Sachverhalte in diesen Fällen ziemlich eindeutig sind. In den folgenden Beispielen ist die Situation wesentlich komplexer.

Almas Mann ist ein sehr erfolgreicher Wirtschaftsjurist. Er ist auf Steuerfälle spezialisiert, bei denen es um riesige Geldsummen geht, wobei er den großen Unternehmen, die er vertritt, durch seine Kenntnis der Tricks und Finten des Steuergesetzes zu besseren Bilanzen verhelfen kann. Er empfindet diese Arbeit als unerhört belastend und kam ursprünglich wegen seines hohen Blutdrucks und mehrerer »Herzattacken« zu mir, für die seine Kardiologin keine physiologische Erklärung finden konnte.

Alma und George sind seit 30 Jahren verheiratet, haben vier Kinder und sechs Enkel. Ihr Lebensstil entspricht genau dem Klischee wohlhabender Stadtflüchter in Connecticut: Sie trinken zuviel, rauchen zuviel, geben zuviel Geld aus und halten jedes Wochenende entweder im Country Club oder im eigenen Haus bzw. bei Freunden Partys ab. Almas Vater war ein ungeheuer erfolgreicher Tycoon, der Vermögen machte und verlor, in betrunkenem Zustand seine Frau verprügelte und sich bis zu drei Mätressen gleichzeitig hielt. George ist im Gegensatz dazu stark gehemmt, außer wenn er etwas zuviel getrunken hat. Seine ältere Schwester ist ihr Leben lang immer wieder in psychiatrischen Kliniken gewesen; sein älterer Bruder führt das Leben eines eleganten Homosexuellen, der sich in Paris eine Reihe junger, hübscher und verarmter Algerier hält. George schämt sich seines extravaganten Bruders und seiner psychisch gestörten Schwester. Georges Mutter lebt, betreut von ihrer Haushälterin und ihrem Butler, allein und zurückgezogen in einer Wohnung in der Park Avenue. Er hat Schuldgefühle in bezug auf seine Mutter und meidet sie soweit wie möglich. Alma hat mehr psychosomatische Beschwerden als George, und diese sind mysteriöser: eine Dermatitis, die ohne erkennbare Ursache auftritt und verschwindet, Menstruationsperioden, die drei Wochen dauern, eine Scheinschwangerschaft und seit dem siebten Lebensjahr migräneartige Kopfschmerzen.

Alma hat bereits sechs verschiedene Therapeuten konsultiert, ohne daß eine Besserung eingetreten wäre: zwei Freudianer (einen orthodoxen Analytiker und eine neofreudianische Analytikerin), eine Jungianerin, einen Sullivanier und in jüngster Zeit rasch hintereinander einen Reichianer und eine Biogenetikerin. Darüber hinaus hat sie sich mit Gurdjieff, Dianetik, transzendentaler Meditation und Biofeedback befaßt. Wenn sich Alma unglücklich fühlt, jettet sie nach Paris und kauft dort Bronzeplastiken aus der Renaissance und Kleider von St. Laurent.

George ist noch nie in Therapie gewesen. Seine ursprüngliche Skepsis wurde durch das Beispiel von Almas endlosen Experimenten, die nur geringe oder gar keine Veränderungen bewirkten, verstärkt. Seine Sekretärin war jedoch fast drei Jahre bei mir in Behandlung gewesen, und in diesem Zeitraum hatte sich ihr Leben sichtbar verändert. Ursprünglich war sie in Therapie gekommen, weil sie nach dem Tod des Vaters an Depressionen litt. Im Laufe der Behandlung wurde sie nach Bewältigung ihrer Trauer extravertierter, nahm Beziehungen zu Männern auf, verlobte sich, erlebte zum ersten Mal Orgasmen, und nach ihrer Heirat gab sie ihre Arbeit auf, um ihr

Studium fortzusetzen und sich zur Sozialarbeiterin ausbilden zu lassen. Sie war eine begeisterte Missionarin der Gestalt-Therapie, nahm nach Abschluß ihrer Einzeltherapie an einer meiner Gruppen teil und schickte in den drei Jahren, in denen sie zu mir kam, etwa ein halbes Dutzend ihrer Freunde und Bekannten zu mir. George war beeindruckt von der offenkundigen Bewegung, die in das Leben seiner ehemaligen Sekretärin gekommen war, sowie von ihren ständigen Lobliedern auf die Gestalt-Therapie. Als ihm seine Kardiologin riet, es wegen seiner »Herzinfarkte« mit Psychotherapie zu versuchen, zog er es vor, nicht Alma zu konsultieren, die sich als Expertin betrachtete, sondern seine Sekretärin. Auf diese Weise kam er zu mir.

Ich mochte George als Person. Trotz seines schwierigen familiären Hintergrunds und seiner unglücklichen Ehe hatte er seine Karriere fortgesetzt. Hinter seiner strengen WASP-Fassade (WASP = weiß, angelsächsisch, protestantisch) verbarg sich etwas Jungenhaftes, aber um das zu sehen, mußte ich einen raschen Blick auf seine Augen oder Mundwinkel werfen, wenn er lächelte. Sobald er merkte, daß mir der ungeschützte Ausdruck seines Gesichts gefiel, verschwand dieser sofort.

Die Behandlung war sehr schwierig. Er hatte pauschal die Protestantische Ethik sowie den männlichen Ehrenkodex verinnerlicht, den Gary Cooper und John Wayne in ihren frühen Filmen verkörperten. Gefühle waren tabu, weibisch und existierten für erwachsene Männer nicht. Was *er* empfinde? Nichts! Wie dieses Nichts sei? Was für eine absurde Frage! Was er jetzt mir gegenüber empfinde? Ärger? Nein, gar nichts! Ich bemerkte, daß es verdächtig nach Empörung, Verachtung und Überlegenheit aussehe. Nun, vielleicht, aber was habe das zu bedeuten, welche Rolle spiele das? Sei es das, was ich unter Gefühlen verstünde? In den Sitzungen war George nicht bei der Sache, stellte fest, daß er nicht gehört hatte, was ich eben sagte, sich an meine Worte nicht erinnern konnte, obwohl ich sie wiederholte, von einer Sitzung zur nächsten nicht mehr wußte, worüber wir gesprochen hatten, und seine Träume nicht behalten konnte. Dennoch zahlte er am Letzten jeden Monats prompt seine Rechnung.

Worauf es George ankam, war, seine »Herzbeschwerden« zu verstehen; er wollte verstandesmäßig klären, wo seine Schwierigkeiten lagen, und er nahm an, daß das genügen würde. Trotzdem geschah aufgrund seiner Gruppen- und Einzelsitzungen etwas mit ihm. Er begann, sich für Alma sexuell stärker zu interessieren, während er gleichzeitig anfing, sich in einer offeneren Weise mit ihr zu streiten. Früher hatte er bei Meinungsverschiedenheiten eingeschnappt reagiert und seine Wut für sich behalten. Nun begann er zu fluchen, wie er es in der Armee getan, aber im Zivilleben nie gewagt hatte. Er fing auch an, etwa einmal wöchentlich mit ihr zu schlafen, statt einmal im Monat.

Alma war gegenüber Georges Therapie gleichgültig gewesen, da er sie bei der Wahl des Therapeuten nicht konsultiert hatte, aber angesichts dieser Veränderungen Georges wurde sie neugieriger. Sie befragte ihn über seine Sitzungen und über mich. Schließlich wollte sie ebenfalls bei mir eine Therapie beginnen.

Ich arbeite sowohl mit Paaren als auch mit einzelnen und willigte in ein Erstgespräch ein. Alma trug ein bezauberndes Chiffonkleid von St. Laurent mit Plisséefalten und einem langen Schal. Ich war sehr beeindruckt von ihrem Schick. Sie redete sachkundig über ihre früheren Therapien, blieb aber mir gegenüber distanziert. Sie war intelligent, aber nicht so intelligent, wie sie mich glauben machen wollte; sie verstand es, zu bluffen und tricksen. In unseren Sitzungen spielte sich rasch eine Routine ein. Alma brachte mir einen Traum mit, den sie glaubte, interpretieren zu können. Ich akzeptierte ihre Deutung. Im weiteren Verlauf bewog ich sie, den Traum näher zu erforschen. Andere Facetten des Traums traten zutage. Alma reagierte einerseits fasziniert, andererseits verunsichert — fasziniert, weil ihr neue Dinge bewußt wurden, verunsichert, weil es nicht nach ihrem Kopf ging und sie mir Dinge enthüllt hatte, die sie für sich behalten wollte.

Alma behauptete, mich immer mehr zu mögen, und verbrachte einen beträchtlichen Teil ihrer Sitzung damit, mich zu loben. Ich äußerte höflich Bedenken, sagte ihr, daß ich mich geschmeichelt fühlte, hielt mich zurück und war ziemlich gelangweilt, daß sie mich als Mittel benutzte, um einen Fortschritt der Therapie zu verhindern. Sie bot mir Konzertkarten an, brachte mir Bücher mit und erzählte mir von schicken neuen Restaurants, die ich ausprobieren sollte. Ich sagte Alma auf den Kopf zu, sie versuche, mich als Verbündeten zu werben und zu gewinnen, vielleicht gegen George, aber sie lächelte und beteuerte ihre Unschuld.

Inzwischen beklagte sie sich bitter über George und wies mich auf Aspekte seiner Persönlichkeit hin, die mir nicht speziell aufgefallen waren. Ich war immer noch um Neutralität zwischen ihnen bemüht, aber allmählich merkte ich, daß ein richtiger Krieg im Gange war. George beklagte sich auch über Alma, deshalb forderte ich beide auf, sich so zu verhalten, als sähe ich den jeweils anderen nicht. Ich ersuchte beide, sich in ihren Sitzungen nur über sich selbst und nicht über einander zu äußern. Wie bereits erwähnt, hatte ich schon mit Paaren gearbeitet, aber dies war eine spezielle Situation, in der ich mich in die Rolle des Schiedsrichters und Eheberaters gedrängt fühlte.

Ich versuchte, die beiden auf ihren Krieg aufmerksam zu machen, aber entweder war ich naiv, der einzige, der sich dessen nicht bewußt gewesen war, oder aber es interessierte sie nicht. Was beide wollten, war ein Freund und Bundesgenosse, um die Machtbalance zu ihren Gunsten zu verändern und sich den Sieg zu sichern. Ich versuchte, ihnen klarzumachen, was dieser Krieg beiden antat, unter welchen Bedingungen er stattfand und wie selbst zerstörerisch Schlachten dieser Art sind, aber es fruchtete alles nichts. Deshalb änderte ich meine Taktik und sprach über die Stärke des Hasses und wie erregend es sei, dem anderen Niederlagen zu bereiten, sobald die Leidenschaft abgekühlt ist, und daß dem anderen Schmerz zuzufügen oft eine willkommene Alternative dazu sei, ihm Freude zu bereiten. Aber nichts verfing. Mir wurde klar, daß auch ich ebensosehr Feind wie Verbündeter war und daß Alma und George über mich sprachen und ihre eigenen Widerstände festigten.

Alma und George hatten dreißig Jahre damit zugebracht, einander zu bekämpfen, und sie waren nicht gewillt, ihren Kampf aufzugeben. Beide hatten auf enge Freundschaft oder bedeutungsvolle Affären verzichtet, um sich ganz dem Kampf gegeneinander zu widmen. Und jede Woche gab es neue Ursachen für einen Streit. George wollte den Osterurlaub in Aspen verbringen; Alma wollte in die Ägäis. Alma wollte einen kleinen Braque kaufen, George sagte, sie könnten es sich nicht leisten. George meinte, er müsse am Begräbnis einer Großtante in Philadelphia teilnehmen; Alma fühlte sich durch ihre starke Menstruation daran gehindert. Alma wollte einen zu Besuch weilenden tachistischen Maler lancieren, aber George erklärte, er sei zu müde, möge Tachismus nicht oder verstehe ihn nicht und habe für große Partys nichts übrig.

Ich sprach von Kompromissen und abwechselndem Entgegenkommen. Sie ignorierten mich. Ich sprach von unterdrückten Aggressionen, sagte, sie benutzten alles, was sich anbiete, um einen Streit vom Zaun zu brechen. Sie ignorierten mich. Ich forderte sie zu einem gegenseitigen Moratorium auf. Sie ignorierten mich. Allmählich erkannte Alma, daß ich mich weigerte, ihre Partei zu ergreifen, und gelegentlich, bloß ein- oder zweimal, attackierte sie mich in derselben Weise, wie sie es nach Georges Berichten ihm gegenüber tat. Ich akzeptierte ihre Wut und forderte sie auf, mir zu sagen, was sie mir noch alles verüble, aber sie schwächte ab. Wie könnte sie jemand etwas verübeln, der so reizend sei und sie so gut verstehe? Kurz danach kam sie nicht mehr ohne auch nur ein Gespräch mit mir über ihre Entscheidung, die Therapie abzubrechen, herbeizuführen. Damit zählte ich zu der langen Liste ihrer verflossenen Therapeuten. Von diesen war ichjedoch der einzige, der auch George behandelte.

George war erleichtert, als Alma die Therapie abbrach. Es hatte ihm nie gepaßt, daß ich sie kennenlernte, und er bedauerte, eingewilligt zu haben, daß auch sie zu mir kam. Der Gebrauch, den er von der Therapie machte, blieb jedoch weiterhin minimal. Er vergaß nie seine Termine, erschien immer pünktlich, schenkte mir stets ein Minimum an Aufmerksamkeit und konnte dann von dem Geschehenen nichts behalten. Schon wenn er sich anschickte, die Sitzung zu verlassen, konnte er sich nicht mehr erinnern, worüber wir gesprochen hatten.

Es gelang mir, George zu überzeugen, daß er sich sehr wohl erinnern konnte, worüber wir gesprochen hatten, daß er sich sogar an Formulierungen erinnern konnte, die wir gefunden hatten. Er beharrte aber weiterhin darauf, daß seine Brustschmerzen gar nicht psychogen seien, und kehrte gelegentlich für einen weiteren Test zu seiner Herzspezialistin zurück. Trotz alledem ließ die Heftigkeit seiner Brustschmerzen nach und die »Anfälle« traten seltener ein. Doch unsere Sitzungen blieben so unerfreulich wie zuvor. Schließlich überredete Alma George, einen Psychiater aufzusuchen, der ihm sowohl Tranquilizer als auch Digitalis verschreiben würde, die er gegen seine Brustschmerzen nehmen konnte. George hatte starke Schuldgefühle, als er zu mir kam, um darüber zu sprechen, aber es bestand kein Zweifel, daß er es vorzog, Medizin zu nehmen. Wir kamen überein, die Behandlung abzubrechen, obwohl sich George so schuldig fühlte, daß er sogar vorschlug, sich von uns beiden behandeln zu lassen.

Zwei Jahre später traf ich Alma im Museum of Modern Art. Sie küßte mich auf beide Wangen und erzählte mir dann, daß sie soeben eine neue Therapie begonnen habe, diesmal bei einem orthodoxen Freudianer, der sehr renommiert und sehr teuer war, und daß George und sie immer noch zusammen seien; er war immer noch beim gleichen Psychiater, der ihn mit Pillen und Vitamintabletten behandelte und ihm ein Fitness-Training verordnet hatte.

Und dann war da Clark. Er kam drei Monate lang zu mir, aber es war fast, als hätte ich ihn gar nicht gesehen. Wir bekamen niemals richtig Kontakt zueinander. In Clarks Leben hatte es eine Reihe von Männern gegeben, die alle entweder gestorben waren oder ihn verlassen hatten. Zuerst starb sein Vater, als Clark sechs Jahre alt war. Seine Mutter heiratete wieder, aber sein Stiefvater ging weg, als die Ehe scheiterte. In der Oberschule freundete sich Clark mit dem Pfarrer der Gemeinde an, aber als ihn der Glaube an das Christentum verließ, endete auch seine Beziehung zu dem Pfarrer. Clark konnte sich nicht genügend konzentrieren, um am College zu studieren, und so nahm er eine Reihe von Teilzeitarbeiten an. Es dauerte aber jedes Mal nur einige Wochen, bis er entweder gefeuert wurde oder von sich aus nicht mehr erschien. In den sechziger Jahren wurde er zu einem Anhänger der ersten charismatischen Figuren der Bürgerrechtsbewegung. Da stieg er voll ein und ordnete sich total den Bedürfnissen des jeweiligen Anführers und der Bewegung unter. Er ging in den Süden, um Sitzstreiks zu organisieren, an Freiheitsmärschen mitzuwirken und sogar Waffen und Munition zu schmuggeln, als es zum Ausbruch von Gewalt kam. Aus irgendeinem Grund (ich blickte da nie genau durch) überwarf er sich mit dem Führer und trennte sich kurz nach seinen Abenteuern mit dem Waffenschmuggel von der Bewegung.

Dann kehrte er zur Religion zurück, aber diesmal handelte es sich um die östliche Variante. Er wurde Anhänger einer Sekte, die daran glaubte, daß ihr Anführer der wiedergeborene Gott sei. Als ich Clark kennenlernte, nahm er zweimal wöchentlich an den religiösen Veranstaltungen teil, bei denen er sang und betete und auf Erleuchtung hoffte. Warum er dann zu mir komme? Er war seit seiner Jugend bei einer Reihe von Therapeuten gewesen. Ich war der vierte. Ein Freund von ihm im East Village hatte ihm empfohlen, zu mir zu kommen. Seine Mutter in New Mexico würde die Rechnungen zahlen, versicherte er mir.

Clark meinte, es könne nicht schaden, in die Therapie zu kommen, da er nicht wußte, was er sonst tun sollte. Er fand seine Religion bedeutsam und wichtig, aber abgesehen davon, daß er an den Zusammenkünften teilnahm und täglich betete, ging er kaum aus dem Haus. Er hatte auch eine Art Freundin; er hatte nie mit ihr geschlafen, und sie war soeben aus einer psychiatrischen Klinik gekommen und war nicht sicher, ob sie nicht dahin zurückkehren sollte. Sie ging mit ihm zu den Gebetsversammlungen, und danach tranken sie manchmal Kaffee miteinander.

Unsere Sitzungen waren quälend. Oft redete er nicht, sein Blick wurde glasig, sein Gesicht zuckte und seine Hände zitterten. Wenn ich ihn fragte, was los sei, was er empfinde, sagte er, er habe Tagträume, und wenn ich ihn aufforderte, sie mir zu erzählen, sagte er, er habe sie vergessen oder er könne mir nicht trauen.

Ich stellte Clark Fragen, und er beantwortete sie. Wenn ich herausfinden wollte, wie er sich fühlte, versuchte er, sich um eine Antwort herumzudrücken, indem er seinen Sektenführer zitierte. Wenn ich meinerseits seinen Führer zitierte, lächelte er schwach. Er war es, der mir dessen Worte predigen wollte, nicht umgekehrt. Der Sektenführer hatte den Zweck, es ihm zu ermöglichen, bei mir zu sein und gleichzeitig abwesend. Es war nicht fair von mir, seinen Guru ernstzunehmen und zu versuchen, in das System einzudringen, von dem er mir erzählte. Ich versuchte, mit Clark über all die Männer zu sprechen, die ihm etwas bedeutet hatten und dann verschwunden waren. Er sagte, er wisse das alles, aber er könne niemandem mehr in dieser Weise vertrauen. Ich sagte ihm, ich verstünde sein Gefühl, mir nicht vertrauen zu können, aber mit der Zeit würden sich die Dinge vielleicht ändern. Er gab mir keine Antwort.

Als wir über seinen Vater sprachen, weinte er beinahe, aber er beherrschte sich und verstummte. Wir sprachen über die Möglichkeit eines Jobs und was er von Arbeit halte. Untertags blieb er meist zu Hause, manchmal schrieb er an seinem Tagebuch und gelegentlich sah er fern. Er fürchtete sich davor, häufig auszugehen, da er glaubte, das FBI verfolge ihn vielleicht immer noch wegen seiner Schmuggeltätigkeit; andererseits befürchtete er, wenn er zuviel fernsehe, komme das einer Gehirnwäsche zugunsten des *American way of life* gleich. Er nehme keine Drogen, weil er wisse, er könne nicht mit ihnen umgehen, sie würden ihn zu verrückt und, wie er es ausdrückte, zu paranoid machen.

Clark begann, wiederholt nach Maine zu fahren und seine Stunden bei mir zu versäumen. Manchmal informierte er mich darüber, manchmal nicht. Blieb er den Sitzungen fern, versuchte er, mich zu verärgern, indem er nicht anrief, wollte er mir Sorgen bereiten, um zu sehen, ob es mir etwas ausmachte? Dies waren meine Ideen, die ich mir selbst beantworten mußte. War es sinnvoll, so weiterzumachen, wenn er keine Verantwortung für seine Handlungen übernahm? Wollte ich, daß er aufhörte zu kommen? Denn wenn ich das wollte, dann würde er sich fügen. Was wollte er? Er wußte es nicht. Was bedeutete es ihm? Das konnte er nicht sagen.

Der schlimmste Teil des Winters war vorüber, und in Maine hatte ihm ein

Bekannter von einer Jagdhütte erzählt, die außerhalb der Saison um 10 Dollar im Monat zu haben war. Da gab es einen Holzofen, eine kleine Gemeinschaft derselben Sekte knapp zwanzig Kilometer entfernt und eine gute Verbindungsstraße in der Nähe, auf der er hin- und zurücktrampen konnte. Obwohl das Wetter immer noch kalt war, hatte er beschlossen, da hinzufahren und da zu leben. Es war billig, das FBI war dort wahrscheinlich nicht aktiv und in der religiösen Gemeinschaft würde er vielleicht Freunde finden. Die Großstadt mache einen sowieso fertig. Also fuhr er ab.

Ich bat ihn, mir zu schreiben, aber ich hörte nie mehr von ihm. Bei der letzten Sitzung weinte er fast, aber seine Tränen hatten keine Bedeutung für ihn. Ich hatte das Gefühl, er revanchiere sich an mir für all die anderen Männer, die ihn verlassen hatten; jetzt war er es, der mich verließ. Vielleicht war das alles, was ich für ihn tun konnte, ihm die Erfahrung zu verschaffen, jemanden zu verlassen, statt verlassen zu werden. Ich bin nicht sicher.

Ich glaube, mit Tom hatte ich größere Schwierigkeiten, als mit jedem anderen Klienten. Er war laut, aufdringlich, aggressiv, manipulierend — ein Geschäftsmann. Hinter dieser Fassade aus Angeberei und Aggressivität fühlte er sich schwach, hilflos, hoffnungslos. Ich konnte das alles verstehen, aber es ließ mich irgendwie gleichgültig. Ich konnte kein Mitgefühl für seinen Zustand aufbringen. Wenn er unausstehlich war, brachte ich es nicht fertig, über das vor meinen Augen Vorhandene hinaus zu etwas anderem vorzudringen, das weniger offenkundig war. Hätte ich mich damit begnügt, ihn nur meinen Ärger spüren zu lassen, dann hätte er die Chance ergriffen, die Therapie abzubrechen. Er mißtraute sowieso allem außer einer Gewinn- und Verlustrechnung, aber warum war ich so rasch bereit, die Partei gegen ihn zu ergreifen? Was hinderte mich daran, mit seinem gefährdeten, verletzlichen, isolierten Leben in Kontakt zu kommen? Ich beschloß, um meiner selbst willen einen anderen Therapeuten zu Rate zu ziehen, um herauszufinden, was mir an Tom so gegen den Strich ging. Wie berechtigt meine Verärgerung über Tom auch gewesen sein mochte, ihre eigentliche Quelle fand ich woanders. Als ich selbst Tom spielte, merkte ich, daß an die Stelle von Tom, der mich so wütend machte, meine Mutter trat. Aber nicht einfach meine Mutter. Ich merkte vielmehr, daß es sich um meine wütendsten Gefühle gegenüber dem negativsten Bild handelte, das ich von meiner Mutter hatte. Was Tom bei mir provoziert hatte, war meine Mutter in ihren schlimmsten Monaten und ich am Höhepunkt meiner Aggressionen. Es war kein Wunder, daß ich so wenig Sympathie für ihn empfand. Mir gefiel immer noch nicht, was er von sich gab, aber ich brauchte nicht mehr ihn oder mich zu bestrafen, weil er mich so sehr an mich selbst im hilflosesten Zustand gegenüber meiner Mutter in ihren schlimmsten Augenblicken erinnerte. Hier war ich beinahe aufgrund meiner eigenen unerledigten Situationen aus der Vergangenheit gescheitert, und sobald ich das erkannt hatte, war ich in der Lage, Vorsicht walten zu lassen. Von diesem Punkt an ging es vorwärts, ich konnte größere Sympathie und Empathie für Tom in dessen eigenem Dilemma aufbringen.

Kate verlor ich an Gott. Wir hatten etwas über ein Jahr miteinander gearbeitet. Sie hatte ein miserables Leben. Ihr Vater hatte sie verführt, als sie zwölf Jahre alt war, und nachdem er die nächsten eineinhalb Jahre lang ein Verhältnis mit ihr gehabt hatte, war er mit einer anderen Frau durchgebrannt. Das traf Kate so hart, daß sie die nächsten neun Monate in einem psychiatrischen Krankenhaus zubrachte. Während ihres Klinikaufenthalts erfuhr ihre Mutter, was zwischen ihrem Mann und Kate geschehen war, und das verzieh sie Kate nie. Kate ging nach etwa einem weiteren Jahr vorzeitig von der Schule ab und begann, durch Greenwich Village zu streunen. Sie spezialisierte sich auf ältere Dichter und hatte eine Reihe kurzer Affären. Allmählich begann sie, selbst Lyrik zu schreiben. In der Regel arbeitete sie nicht, sondern wohnte mit ihrem Beschützer zusammen und führte ihm mehr schlecht als recht den Haushalt. Sie fing an zu trinken. Mal war sie ein viertel oder ein halbes Jahr in Therapie, dann ebenso lange wieder nicht; auf diese Weise probierte sie die zahlreichen ambulanten Kliniken durch, die New York bietet.

Als sie zu mir kam, war sie 33. Sie lebte gerade wieder mit einem Poeten zusammen, und er schien sie wirklich gernzuhaben. Sie war seit zwei Jahren mit ihm zusammen, und er hatte versprochen, ihre Therapie zu bezahlen. Sie hatte sich entschlossen, mich aufzusuchen, weil eine Freundin von ihr bei mir in Behandlung gewesen war und ihr erzählt hatte, ihre Fähigkeit, sich auf die Malerei zu konzentrieren, habe sich dadurch verbessert. Kate wünschte sich, schreiben zu können.

Sie sah viel älter aus als ihre 33 Jahre; man merkte ihr das Trinken an. Sie hatte starke Schuldgefühle wegen der drei Abtreibungen, die sie in den letzten zehn Jahren vorgenommen hatte, und sie war immer noch hin- und hergerissen durch die Ereignisse, die sich vor mehr als zwanzig Jahren mit ihrem Vater zugetragen hatten.

Kate strahlte Wärme und Vitalität aus, und ich arbeitete gern mit ihr zusammen. Ihre schnoddrige Art und ihre unsentimentale Einstellung zum Leben gefielen mir. Aber plötzlich brach sie dann zusammen, fühlte sich hilflos und fordernd. Sie war sicher, daß sie zum Scheitern verdammt sei und nichts sie retten könne. Sie mißtraute ihrer Fähigkeit als Dichterin und ihrer Fähigkeit zu lieben und eine Mutter zu sein. Sie fühlte sich dem Untergang geweiht.

Trotzdem kam sie weiterhin zu mir, und wir sprachen über ihre Schuldgefühle und ihre Scham angesichts der so lange zurückliegenden Ereignisse. Wir sprachen auch über ihren Wunsch nach einer eigenen Familie, und sie gestand mir sogar, daß sie den Mann heiraten wolle, mit dem sie zusammenlebte. Zum ersten Mal seit mehr als zehn Jahren war es ihr möglich, ihre Mutter zu besuchen, um herauszufinden, ob es eine mögliche Basis für eine Freundschaft zwischen ihnen gab. Kate war sich dessen nicht sicher, aber das Angebot ihrer Mutter, ihr Geld für neue Kleider und eine neue Frisur zu leihen, beeindruckte sie. Kate war auch überrascht über ihre Zuneigung zu ihrem jüngeren Stiefbruder, den sie nie zuvor gesehen hatte.

Kate erhielt einige publizistische Aufträge als freie Mitarbeiterin. Sie hatte mit ihrer Schriftstellerei noch nie Geld verdient, deshalb machte ihr das zunächst ebenso viel Angst, wie es sie entzückte. Sie hoffte, sich damit ihren Unterhalt verdienen oder zumindest für sich aufkommen zu können. Gelegentlich betrank sie sich immer noch, bandelte dann mit älteren Männern an und schlief mit ihnen. Und dann war die Hölle los.

Kates Dichter erkrankte und mußte in ein Hospital. Sie meinte, es sei ihre Schuld, Gott bestrafe sie für ihre Schlechtigkeit, und sie und ihr Freund müßten deshalb leiden. Als sie während seines Krankenhausaufenthalts einsam und verängstigt zurückblieb, trank sie, um ihrem Kummer zu entfliehen. Sobald sie betrunken war, suchte sie bei älteren Männern Trost im Bett, mit der Folge, daß ihre Schuldgefühle am nächsten Tag wiederkehrten. Inzwischen war bei ihrem Geliebten Krebs festgestellt worden. Es wurde eine Strahlentherapie empfohlen. Kate begann mit Gott und seinen Engeln zu sprechen. Manchmal waren es wirkliche Männer, denen sie bei ihren Wanderungen durch die Stadt begegnete. Nachdem sie eine Weile mit ihnen geredet hatte, erkannte sie, daß sie nur vorgaben, Sterbliche zu sein, und daß es sich in Wirklichkeit um Engel handelte. Bei anderen Gelegenheiten erschienen sie ihr in einem Lichtkranz, so daß es keinen Zweifel gab, wer sie waren.

Kate redete mit mir über ihre Erfahrungen mit Gott und den Engeln. Sie fürchtete, daß ich ihr nicht glauben würde, und ich antwortete, daß ich zwar etwas skeptisch sei, aber versuchen würde, für ihre eigenen Erfahrungen offen zu sein. Wir sprachen über ihre Einsamkeit, jetzt, da ihr Geliebter im Krankenhaus war, und über ihre Furcht vor der bevorstehenden Strahlentherapie. Wir sprachen über ihre Schuldgefühle, weil sie mit anderen Männern schlief, und ihre Gefühle, daß sie diese Strafe auf sich selbst und ihren Geliebten herabbeschworen habe. Sie sagte, sie werde mit ihren himmlischen Freunden sprechen und hören müssen, was diese dachten. Ihr Erscheinen bei den Sitzungen wurde unberechenbar, und dann kam sie schließlich eines Tages und sagte, Gott habe ihr erklärt, sie dürfe nicht mehr zu mir kommen, ich sei nicht vertrauenswürdig.

Ich bat sie, weiterhin zu kommen; ich sagte, ich sei sicher, wenn sie das wirklich wolle, dann werde Gott nichts dagegen einzuwenden haben aber sie schüttelte den Kopf. Sie weinte, bat mich um Verzeihung, versprach mir, den Alkohol aufzugeben, und dann ging sie. Ich blieb in Kontakt mit ihrem Freund, der später mit Hilfe der Bestrahlungen von seinem Krebs genas. Kate ist immer noch mit ihm zusammen, aber sie schreibt nicht mehr und sie trinkt auch nicht mehr. Wenn Freunde sie über ihre Therapie befragen, antwortet sie, daß das zu schwierig für sie sei, daß sie nicht die Kraft dafür habe. Sie spricht nicht mehr über Gott und seine Engel, und sie spricht auch nicht mehr vom Heiraten. Sie möchte nichts tun, was ihre Ruhe und ihren Frieden gefährdet. Sie zitiert meine Worte, in Therapie zu sein bedeute, Risiken einzugehen, und dazu sei sie nicht bereit.

Zweiter Teil

GRUPPENTHERAPIE

6. Die Gruppe lernt sich kennen

Was geschieht in einer Gruppe? Alles und jedes. Nicht ganz. In einer von mir geleiteten Gruppe hat noch niemand gebumst obwohl ich nicht immer sicher war, daß es nicht dazu kommen würde. Es hat Handgreiflichkeiten gegeben, wenn auch keine gebrochenen Knochen. Einige Teilnehmer sind eingeschlafen. Gewöhnlich »arbeiten« wir jedoch. Ich werde gleich erklären, was das bedeutet.

Zu Beginn der Gruppe tun die Leute, was sie am Anfang jeder Zusammenkunft tun. Sie plaudern miteinander, der eine ißt einen Apfel, der andere raucht, einige tratschen. Gelegentlich hört man Lachen, das manchmal nervös klingt.

Ich begrüße jeden Teilnehmer, der hereinkommt, versuche, Kontakt herzustellen, zu spüren, wo sich jeder einzelne befindet. Gewöhnlich bereite ich Kaffee, Tee oder Fruchtsaft zu, stelle Gläser und Tassen bereit, und in meiner Geschäftigkeit vermeide ich intensiveren Kontakt. Gelegentlich kommt jemand zu mir her und sagt, ich möchte heute abend arbeiten. Wieder dieses Wort *arbeiten.* In dieser Zeitspanne vor dem Beginn der Gruppe, während die Mitglieder eintreffen und sich setzen, beginnen sie ebenfalls, sich vorzubereiten. *Vorbereiten* ist vielleicht ein merkwürdiges Wort. Was ich damit meine, ist, daß sich die Mitglieder der Gruppe auf ihre eigenen Dramen, die sich gleich ereignen werden, ebenso einstimmen, wie sich das Publikum auf den Beginn eines Theater stücks einstimmt; man wartet auf das Öffnen des Vorhangs, die Gespräche verstummen, die Augen gewöhnen sich an das Verlöschen der Lichter und die Bühne wird zum Brennpunkt der Aufmerksamkeit. Und genauso wie sich ein Schauspieler darauf vor bereitet, die Bühne zu betreten, indem er sich in seine Rolle versenkt, so bereiten sich die Gruppenmitglieder darauf vor, die höflichen Masken abzulegen, hinter denen sich ein so großer Teil ihres Verhaltens im täglichen Leben abspielt, und stellen sich darauf ein, sich selbst und anderen aufrichtiger und direkter gegenüberzutreten. Dies ist ein Aspekt des »Arbeitens«, und so gesehen arbeitet jedes Mitglied der Gruppe.

Bei Einzelsitzungen stelle ich eine ähnliche Art der Vorbereitung fest. Meine Praxis befindet sich im fünften Stock eines alten Ziegelbaus ohne Lift, und viele Leute empfinden das Treppensteigen als willkommene Gelegenheit, sich auf ihre Sitzung vorzubereiten. Oft stellen sie fest, daß sie von Gedanken und Gefühlen erfüllt sind, die ihnen vor dem Treppensteigen nicht bewußt gewesen waren, und sie treffen vor meiner Tür mit einer Menge Material ein, das sie behandeln wollen. Zu Beginn einer Sitzung bereitet sich mancher vor, indem er sich ein bequemes Plätzchen sucht, eine Zigarette anzündet, ruhig dasitzt, in sich hinein horcht und dann zu sprechen anfängt. Gruppenmitglieder, die zu spät kommen, berichten häufig, daß sie diese Gelegenheit vermissen, sich auf die Sitzung einzustellen — daß sie buchstäblich in das Geschehen hereinplatzen, ohne eine Chance gehabt zu haben, sich auf das zu konzentrieren, was sich in ihnen abspielt.

Es kann dann vorkommen, daß sie sich im weiteren Verlauf etwas desorientiert fühlen, als hätten sie den Fernseher mitten in einer Sendung eingeschaltet, nur daß die Sendung, die eben läuft, »Mein Leben« betitelt sein könnte. Die Zuspätkommenden sitzen manchmal stumm da, bemüht, den Anschluß zu finden, Rückschlüsse zu ziehen und Lücken zu füllen; manchmal entschuldigen sie sich und bitten um die Informationen, die ihnen fehlen; manchmal springen sie ins kalte Wasser und machen aufs Geratewohl mit.

Zuspätkommen ist ein Problem für mich. Als Professor begann ich den Unterricht fünf Minuten nach der vollen Stunde, daran gab es nichts zu rütteln. Jeder Student war dafür verantwortlich, rechtzeitig beim Unterricht zu erscheinen, und ich stand vor der Wahl, die Tür für Zuspätkommende zu schließen, ihre Verspätung sarkastisch zu kommentieren oder sie zu ignorieren. Jetzt stehe ich vor der Notwendigkeit, mich »therapeutisch« zu verhalten. Zu den Einzelsitzungen erscheinen die meisten pünktlich. Bei einer Gruppe ist das anders. Wir können jederzeit beginnen. solange wir wenigstens zu zweit sind. Wenn jemand nicht chronisch zu spät kommt, ziehe ich es vor, die Zeit in der Gruppe mit anderen Dingen zuzubringen als mit Fragen des Haushalts und der Buchführung, wozu ich die Pünktlichkeit zähle, aber wenn es für jemanden ein wichtiges Thema ist, dann arbeiten wir eben daran.

Jetzt bin ich mit dem Kaffee fertig, und die Gruppenmitglieder haben Platz genommen. Die ängstlichen und isoliertesten suchen sich Lehnsessel, die ihnen den engen körperlichen Kontakt mit anderen ersparen. Die entspannteren, die sich gern anfassen lassen, wählen sich jemand aus, neben dem sie sitzen wollen, sie halten sich an den Händen, streicheln einander, räkeln sich nebeneinander auf dem Boden, massieren sich. Dieser Kontakt zwischen den Mitgliedern ist weitgehend geschlechtsunabhängig. In der Gruppe fühlen sich die Männer frei, neben anderen Männern zu sitzen, sich an den Händen zu halten und zu umarmen; die Frauen umhalsen sich und kuscheln sich auf dem großen Fauteuil aneinander, streicheln sich gegenseitig die Haare. Wenn es in der Gruppe ein Paar gibt, kann es vorkommen, daß der Mann händchenhaltend mit einer der Teilnehmerinnen auf dem Sofa sitzt, während seine Frau zu einem Mitglied ihrer Wahl Tuchfühlung aufgenommen hat.

Die Atmosphäre in der Gruppe ist auch in anderer Hinsicht ungezwungen. Ich erwarte nicht, daß jedes Gruppenmitglied die ganze Sitzung hindurch alle Entwicklungen aufmerksam verfolgt. Manchmal beginnt sich jemand zu langweilen, schläft vielleicht sogar ein, blättert in einer Zeitschrift oder spricht mit seinem Nachbarn. Jeder Teilnehmer kann tun, was er will, aber jedes Mitglied ist auch verantwortlich für seine Handlungen; es kann daher jederzeit geschehen, daß sich jemand gestört fühlt, wenn der andere einschläft oder redet, und ihn daraufhin anspricht, und der andere muß dann bereit sein, in der Weise, die er für richtig hält, damit umzugehen. Die Gruppe gibt also niemandem Gelegenheit zu sagen, »Ich kann tun, was ich will, aber andere haben das Recht, auf mein Verhalten zu reagieren und mich darauf anzusprechen«. Ich versuche, so wenige Regeln wie möglich in bezug auf erwartetes Verhalten zu haben, so daß die Teilnehmer einerseits frei sind, mit Verhaltensweisen zu experimentieren, die ihnen zusagen, und das Spektrum ihrer Erfahrungen und ihres Verhaltens zu erweitern und andererseits die Vorkommnisse in der Gruppe als Mittel zur Ergänzung ihrer therapeutischen Erfahrung zu nutzen. Ebenso wie in den Einzelsitzungen kann alles, was geschieht, Wasser für die therapeutische Mühle sein, obwohl das Spektrum in der Gruppe größer ist.

Es kann vorkommen, daß Gruppenmitglieder sexuelle Kontakte mit mir wollen, aber so sehr ich mich davon geschmeichelt oder abgestoßen fühlen mag, enthalte ich mich dessen. Die Gruppenmitglieder sind jedoch frei, in bezug auf sexuelle Beziehungen untereinander ihre eigenen Entscheidungen zu treffen. Ich bin weder in der Sitzung noch außerhalb ihr Polizist, aber ich appelliere an sie, falls sie eine sexuelle Beziehung zu einem anderen Gruppenmitglied aufnehmen, das, was sich in ihrer Beziehung entwickelt, nicht zum Vorwand zu nehmen, sich aus der Therapie zurückzuziehen, sobald Schwierigkeiten zwischen Ihnen auftreten. Es kommt vor, daß ein Gruppenmitglied anfängt, mit einem anderen zu schlafen, und dann das Scheitern der Beziehung als Grund anführt, um die Therapie abzubrechen. In den wenigen Fällen, in denen dies geschah, konnte ich mich jedoch durch das Bewußtsein trösten, daß das ausscheidende Mitglied schon zuvor wiederholt eine Therapie abgebrochen hatte. Was diese Personen tun, ist, eine Situation zu schaffen, in der sie eine Phantasie nähren können, und wenn sich die Phantasie dann nicht so erfüllt, wie sie sich das wünschen, ziehen sie sich aus der gesamten Situation zurück. Aber aus meiner Sicht gleicht dies früheren Anlässen, die sie zum Vorwand genommen hatten, sich einer Therapie zu entziehen.

Auf der anderen Seite hatte ich Gruppenmitglieder, die miteinander ihre homosexuellen Gefühle zu klären suchten und die die Therapie nicht aufgaben, trotz großer Schwierigkeiten, sobald die Beziehung unbefriedigend wurde oder sie mit Gefühlen der Scham oder Schuld zu kämpfen hatten. Und ich hatte auch Teilnehmer, die eine Liebesaffäre begannen, welche zwar nicht dauerhaft war, sich aber als nützlich für sie erwies, da sie ihre eigenen Reaktionen besser kennenlernten, und die während ihrer ganzen Liaison in der Gruppe blieben. Wie ich bereits anmerkte, könnte ich zwar Verhaltensregeln für die Teilnehmer aufstellen, aber wie sollte ich ihre Befolgung durchsetzen? Wenn sie ohne meine Erlaubnis miteinander pennen würden, dann könnte ich sie vermutlich aus der Gruppe ausschließen, wenn es mir bekannt würde. Ich weiß nicht, welchen therapeutischen Nutzen das für sie hätte; zweifellos würde es mir Gelegenheit geben, mich streng und autoritär zu verhalten, und ihnen einen Anlaß, Schuldgefühle zu entwickeln. Wenn ich bereit wäre, all dies auf mich zu nehmen und sie nicht aus der Gruppe zu werfen, dann hätte ich vielleicht einen neuen therapeutischen Hebel, mit dem ich arbeiten könnte, aber ich habe keine solchen moralischen Bedenken in bezug auf das, was erwachsene Menschen miteinander im Bett tun. Ich bin allerdings bereit, darüber zu reden, welche Bedeutung Sex für den einzelnen hat und welche Gefühle er damit verbindet. Wenn mich ein Mitglied zu provozieren versucht, indem es mit einem anderen schläft, oder wenn mich jemand in Verlegenheit bringen will, indem er oder sie mir Avancen macht, dann habe ich keine Hemmung, darüber zu reden, ohne moralisieren oder Exil androhen zu müssen. Es kommt also gelegentlich vor, daß Gruppenmitglieder miteinander schlafen, auch Teilnehmer aus verschiedenen Gruppen; dies ist bloß eines der Dinge, über die wir sprechen können, wenn wir es für wichtig halten, genauso, wie wir darüber reden können, wer allein in einer Ecke sitzt, wer mir nach der Sitzung niemals hilft, die Kaffeetassen wegzuräumen, oder wer es vermeidet, in der Gruppe zu arbeiten.

Ich warte in der Regel einige Minuten über die vereinbarte Zeit hinaus, dann teile ich mit, wer nicht anwesend sein wird und aus welchen Gründen. Matthew ist in Hong Kong auf Geschäftsreise, Ericas Mutter ist krank, sie ist zu ihr nach Hause geflogen, Sidney hat Grippe, Henry muß eine Arbeit abschließen, er wird versuchen zu kommen, wenn auch mit einiger Verspätung.

Eine Gruppensitzung ist für mich wie eine Einzelstunde. Ich erwarte von jedem Teilnehmer, daß er kommt, es sei denn, er wird aus sehr triftigen Gründen abgehalten. Ich nehme die Bedeutung von Therapie sehr ernst, und obwohl wir in jeder Sitzung oder Zusammenkunft scherzen und lachen können, möchte ich, daß sich alle Teilnehmer über die grundlegende Bedeutung unserer »Arbeit« im klaren sind.

Nachdem ich mitgeteilt habe, wer fehlen wird und warum, tritt ein Schweigen ein. Ich erwarte entweder darauf, daß jemand beginnt, oder ich frage, möchte jemand »arbeiten»? Gewöhnlich herrscht eine ziemlich starke Spannung, und der Blickkontakt mit mir wird vermieden.

Ich bin dafür berüchtigt, daß ich zu wittern versuche, wer Hilfe möchte, indem ich die Gesichter erforsche, den Teilnehmern in die Augen schaue und auf Tonfall und Sprechrhythmus achte. Wer es vermeiden möchte zu »arbeiten«, der meidet mich. Meistens meldet sich jemand freiwillig oder erklärt sich bereit, wenn ich ihn oder sie auffordere. Manchmal meldet sich niemand, und dann frage ich jemand und er lehnt ab. Nein, nicht heute. An diesem Punkt übt die Gruppe manchmal einen leichten Druck aus. Du hast jetzt schon einige Zeit nicht gearbeitet. Warum nicht? Da muß etwas sein. Wenn der Betreffende entschieden dabei bleibt, daß er die Gelegenheit zu arbeiten nicht will, dann wird das respektiert. Wir versuchen, so wenige Regeln wie möglich zu machen.

Regeln, gegen die natürlich verstoßen werden kann: in allem, was man fühlt und denkt, so ehrlich wie möglich zu sein. Regelmäßig und rechtzeitig zu kommen. Bereitschaft zu »arbeiten«, Risiken einzugehen, neue Dinge auszuprobieren. Seine Rechnung zu bezahlen. Dies sind meines Wissens die Regeln, und von da an sind wir auf uns selbst gestellt.

Harry möchte »arbeiten«, aber er weiß nicht woran. Zum Aufwärmen, als Mittel, um mit seinen eigenen Gefühlen in Kontakt zu kommen, um zu klären, wo er sich gerade befindet, fordere ich ihn auf, jedem Gruppenmitglied etwas zu nennen, woran er nicht arbeiten möchte. Er ist selbst überrascht über die Leichtigkeit, mit der er im Kreis herumgeht und rasch erklärt: »Ich möchte nicht an meinen Aggressionen arbeiten, ich möchte nicht an der Beziehung zu meiner Mutter arbeiten, ich möchte nicht daran arbeiten, wie ich Arbeit vermeide, ich möchte nicht an meinen Gefühlen in bezug auf Sex, meine Ehe, meine Einsamkeit arbeiten und auch nicht an meinem Bedürfnis, in jeder Krise krank zu werden.«

Ich frage ihn unschuldig, obwohl inzwischen schon alle diese Methode kennen, An welcher dieser Fragen möchtest du am allerwenigsten arbeiten? Und sobald er geantwortet hat, entgegne ich, Gut, warum arbeiten wir nicht daran? Ja, dies kann zu einer Art Ritual werden, und ja, der Betreffende kann schummeln und er kann etwas wählen, woran er nicht arbeiten will. Aber die übrigen Gruppenmitglieder haben das Recht, ihn zur Rede zu stellen, wenn sie das Gefühl haben, daß er auf ein gefahrloses Thema ausweichen will, und auch dies wird zu Wasser auf unsere Mühlen.

Sobald Harry ein Thema gefunden hat, stehen wir vor der Frage, wie wir vorgehen sollen. Im vorigen Beispiel, wo sich Harry bereiterklärte zu arbeiten, aber außerstande war, sich für etwas zu entscheiden, sind wir gegen seinen Widerstand angegangen, indem wir uns ihm anschlossen, Harry aufforderten, die Bereiche zu nennen, denen gegenüber er den größten Widerstand verspürte, und dies dann als Auswahlkriterium zu benutzen. Sobald er sein Thema gewählt hat, stehen wir als nächstes vor der Frage, wie wir verfahren sollen, wie wir mit Harrys Gefühlen und Gedanken in Kontakt kommen können.

Um diesen Prozeß zu erleichtern, erfinden wir *ad hoc* ein »Experiment«. Der Begriff *Experiment* ist mir deshalb lieber als *Übung,* weil man unter Übung in der Regel etwas versteht, das wiederholt und mechanisch getan wird, um eine bestimmte Fertigkeit zu verbessern oder eine Fähigkeit zu entwickeln. Ein Experiment ist dagegen ein ehrlicher Versuch, etwas herauszufinden, indem man eine neue Technik ausprobiert; ein Mittel, etwas zu lernen, indem man auf die Sicherheit erprobter Techniken zugunsten der Frische und Unsicherheit des Neuen und Unerprobten verzichtet. Das Aufregende am Experiment besteht zunächst darin, eine Methode zu finden, um Harry zu helfen, den nächsten Schritt zu tun; genauer zu spüren, wo er sich im Augenblick befindet, damit er den toten Punkt überwinden und weiterkommen kann. Harry beschließt, daran arbeiten zu wollen, wie unsicher er sich fühlt, wenn er seinen Schülern gegenübertritt.

Harry erzählt uns zunächst, wie unzulänglich er sich als Lehrer fühlt, wie er sich vor den Reaktionen seiner Schüler fürchtet, obwohl seine alljährlichen Beurteilungen hervorragend sind. Ich fordere ihn auf, einer seiner Schüler zu sein und so zu reagieren, wie er Harry, sich das wünschen würde. Harry bläst sich als einer seiner Schüler auf und zeichnet ein übertriebenes Bild von sich selbst als dem idealen Lehrer. Er fühlt sich jetzt nicht mehr schwach und hilflos, sondern platzt beinahe vor Stolz und Eitelkeit. Jemand weist auf den Kontrast zwischen sich klein und groß, schwach und stark fühlen hin. Harry assoziiert dies rasch mit seinen Gefühlen sexueller Unzulänglichkeit, sowohl hinsichtlich der Größe seines Penis als auch seiner »Leistungen«. Da wir uns mit diesen Gefühlen schon in früheren Gruppensitzungen beschäftigt haben und da wir wissen, daß diese Gefühle für Harry noch unerledigt sind, warten wir ab. Harry assoziiert dann mit seinem verstorbenen Vater, dem gegenüber er sich immer noch in einer Konkurrenzsituation fühlt. Wir fordern Harry auf, jemanden auszuwählen, der seinen Vater spielen soll, und er zeigt ohne zu zögern auf Richard, einen aggressiven Mann mit ähnlichen unbewältigten Problemen gegenüber seinem eigenen Vater.

Richard improvisiert auf der Stelle eine Szene, in der er Harry heruntermacht. Er versetzt Harry in seine Studentenzeit und befragt ihn über seinen Tag an der Universität. Er drischt mit Worten auf Harry ein, und Harry geht in Deckung. Richard lebt sich in seine Rolle als sadistischer Vater ein und wird noch beleidigender. Harry verhält sich weiterhin unterwürfig. Ich unterbreche sie, und Harry und Richard spielen jetzt dieselbe Szene mit vertauschten Rollen. Richard steigt jetzt so sehr in seine eigenen Schwierigkeiten mit seinem Vater ein, daß er zu weinen beginnt. Ich breche meine Arbeit mit Harry ab und wende meine Aufmerksamkeit Richard zu, der uns schauerliche Geschichten über die Brutalität seines Vaters in früherer Zeit auftischt. Richard tobt und weint abwechselnd. Jemand weist darauf hin, welches Vergnügen es Richard zu bereiten scheint, seine eigene Misere so richtig auszukosten. Er ignoriert diesen Einwurf. In früheren Sitzungen hat Richard einen Prediger gespielt, wie er gegen die Sünde wettert, John Wayne, der den Westen erobert, ein hilfloses Kind, das von den Gruppenmitgliedern gefüttert wird, einen trauernden Sohn, der das Trauergebet spricht und schließlich seinen Vater bestattet. Diese Techniken haben Richard bis zu einem gewissen Grad geholfen, seine starren Vorstellungen von Gut und Böse zu lockern, seine eigenen Bedürfnisse zu akzeptieren, sich von seinem Vater unabhängig zu fühlen und seine eigene Kraft zu spüren. Dennoch hält er weiterhin an diesem Kampf mit seinem Vater fest und behandelt einen großen Teil seiner gegenwärtigen Erfahrungen als Neuinszenierung der Vergangenheit.

Ich fordere Richard auf, die Verantwortung für seine Entscheidung zu übernehmen, in der Vergangenheit zu leben, und zu sagen, was er davon hat, an dem Clinch mit seinem Vater so verbissen festzuhalten, daß er nicht mehr wahrnimmt, was hier und jetzt geschieht. Er weist auf das Vergnügen hin, ein Opfer zu sein: Jemand anderer ist schuld, nicht er; er ist unschuldig, er wird ungerechterweise angeklagt. Er erklärt, daß er dadurch Gelegenheit habe, seine Aggressionen auszuleben und zu wissen, daß sie gerechtfertigt sind; er weist auf die Sicherheit hin, ein abgeschlossenes Drehbuch zur Verfügung zu haben, so daß alle neuen Erfahrungen sofort nach dem alten Schema assimiliert werden können; er ist sich bewußt, mit welcher Leichtigkeit er sich gegen Dinge abschotten kann, die im Augenblick bedrohlich sein mögen, indem er alte Szenen wiederholt etc. etc. Er wirkt jetzt ruhiger und sicherer. Jemand äußert die Vermutung, daß er mit seiner ganzen emotionalen Schau, die er heute abend abgezogen hat, Mitleid zu erwecken suchte und sein Selbstmitleid genossen hat und zwar als weiteres Mittel, um sich dem Kontakt mit Gruppenmitgliedern zu entziehen und um uns mit einer eindrucksvollen emotionalen und verbalen Darbietung, die uns einschüchtert, von sich fernzuhalten. Richard lacht in seiner offenen Weise und gesteht, daß er seinen Auftritt genossen habe, fügt aber hinzu, daß viel davon der Wirklichkeit entspreche. Es sei richtig, daß er das Ganze genutzt habe, um uns von sich fortzuschieben, aber einiges davon habe er wirklich so empfunden. Er bekennt sich dazu zu wissen, wieviel er davon hat an seiner Verstrickung mit seinem Vater festzuhalten, und er gesteht, daß er immer noch nicht bereit sei, sie loszulassen.

Wo ist Richards Durchbruch? Nun, er hat sechs Jahre Psychoanalyse hinter sich, und ich bezweifle, daß er einen erzielen wird. Ich glaube, es ist nützlicher für Richard, eine Reihe von Erfahrungen mit der Gruppe und mir zu machen, in denen er einiges von dem Wissen, das er hat, aber das noch zu verkopft ist, ausprobieren kann. Er muß es zu einem Teil von ihm selbst machen, und hier in der Gruppe kann er das üben, bis er sich damit wohlfühlt.

Manche Therapeuten arbeiten ständig auf Durchbrüche hin und haben es auf die plötzliche, dramatische Wiedergeburt abgesehen. Ich bin skeptischer und vorsichtiger. Wenn sich spontan neue Formen von Integration ergeben, dann bin ich erfreut und entzückt; wenn nicht, bin ich nicht enttäuscht. Wenn ich Menschen davor zu bewahren suche, das Opfer ihrer hohen Erwartungen zu werden, dann gebe ich ihnen ein schlechtes Beispiel, wenn ich sie selbst unter Druck setze, um einen Durchbruch zu erzielen. Würde ich sie auf diese Weise drängen, dann würden Sie rasch ein passives Mittel finden, um uns beide zu blockieren — indem sie sich absichtlich nicht vorwärts bewegten.

Ich bin auch aus anderen Gründen mißtrauisch gegenüber Durchbrüchen. Ich bin gegen die Vorstellung der Meßbarkeit, die sie implizieren. Zuviele Menschen verfolgen ihr Wachstum selbstbezogen mit der Meßlatte, zählen die Einsichten, die sie pro Sitzung gewonnen haben und verzeichnen ihren Terraingewinn. Ich distanziere mich von diesen Versuchen, den Wert von Therapie zu quantifizieren, indem man sich auf statistische Wachstumstabellen und die Schnelligkeit von Durchbrüchen beruft.

Schließlich ist der Begriff des Durchbruchs auch mit der Vorstellung des »Zerbrechens« behaftet. Zu viele Menschen befürchten, was in der Therapie geschehe, sei, daß sie »geschrumpft« (dies gilt speziell für den englischen Sprachraum, in dem der Psychotherapeut umgangssprachlich als *»shrink«,* Abkürzung für *headshrinker,* Kopfjäger, wörtlich Kopfschrinker bezeichnet wird. — Anm. d. Übers.) und »zerbrochen« werden. Aus meiner Sicht sind die Blockaden, die Widerstände wichtige Teile des Lebens, das sich ein Mensch geschaffen hat. Ich möchte wissen, wie sie benutzt werden und welchen Wert sie haben. Ich bin nicht sehr darauf erpicht, Dinge rasch wegzuwerfen, die mit so viel Mühe errichtet wurden. Oft sind diese Blockaden eingefrorene, erstarrte Quellen der Kreativität und Energie, die, sobald sie auftauen, zu wundervollen Mitteln werden, sich neue Lebensweisen zu schaffen. Ich möchte lieber nicht auf die zeitraubende und mühsame Erforschung der Blockaden verzichten und diese durch ein Hauruckverfahren sofortiger Verwandlung ersetzen.

Ich wende mich gegen den Begriff des Durchbruchs auch, weil er mit der Vorstellung von Fortschritt verbunden ist. Manche Therapeuten, glaube ich, fangen sich selbst in einer Falle, indem sie eine Art von persönlicher Befürchtung über die Fortschritte betreiben, die jemand macht. Wenn der Betreffende Punkte erzielt, so ist das gut. Wenn nicht, ist das schlecht. Wenn er einen Fortschritt gemacht hat und dann einen Rückfall erleidet, ist es noch schlechter. Abgesehen von der Illusion der Meßbarkeit, von der ich oben gesprochen habe, stelle ich diese ganze Einstellung zu dem, was mit einem Menschen geschieht, in Frage. Wenn jemand einen Fortschritt gemacht hat, dann deshalb weil etwas in ihm befreit wurde, so daß er neue Methoden ausprobieren kann, oder weil sich seine Situation verändert hat, so daß er frei ist, neue Mittel zu erforschen. Wenn er zu älteren Verhaltensmustern zurückkehrt, die nicht so gut funktionieren, dann steht er wahrscheinlich unter irgendeiner Bedrohung, sei es in ihm selbst oder durch seine Situation, und hat Mittel gewählt, um damit fertigzuwerden, die zwar nicht besonders gut funktionieren mögen, aber die ihm ein gewisses Maß an Sicherheit oder Trost gewähren. Dies als »Regression« oder »Rückfall« oder Mangel an Fortschritt zu bezeichnen, heißt, das Entscheidende zu übersehen oder vielmehr sich an den Bedürfnissen des Therapeuten (oder des Betreffenden) zu orientieren, überall Erfolg haben zu müssen und durch Sieg zu erobern.

Manchmal eignet sich jemand eine neue Verhaltensweise an und muß danach feststellen, daß ihm deren Preis zu hoch ist, daß er seine alten Verhaltensmuster vorzieht, daß er mehr Zeit benötigt zu durchleben, was ihm seine alten Verhaltensweisen einbringen oder daß er zu viele Gratifikationen daraus bezieht, sich selbst oder seinen Therapeuten zu sabotieren, um zu diesem Zeitpunkt weiterkommen zu können. Warum lassen wir den Betreffenden nicht im Augenblick, ja, hier und jetzt, dort, wo er ist, ohne ihn nach den Kriterien von Fortschritt oder Rückschritt beurteilen zu müssen, und warum lassen wir ihn nicht wahrnehmen, wie er sich fühlt, was er denkt, lassen ihn anschauen, was er davon hat und was ihm nach seinem Gefühl entgeht? Und wenn sich dann neue, unerwartete Formen der Reorganisation einstellen, schön; wenn nicht, ist das auch in Ordnung. Ich bin bereit, auf eine festgelegte Auffassung davon, wie die Therapie oder das Leben eines Menschen verlaufen sollten, zu verzichten. Die protestantische Ethik wird mir das nicht verzeihen, und ich weiß, daß ich mich unamerikanisch verhalte, aber ich bin bereit, damit zu leben.

Ich kehre zu Harry zurück. Er hat sich durch die Beachtung, die wir Richards Bedürfnissen geschenkt haben, nicht vernachlässigt gefühlt. Tatsächlich hat ihn Richards Arbeit tief bewegt. Er und Richard teilen sich gegenseitig mit, wie sie sich beim Rollenspiel gefühlt haben. Einer der anderen Männer in der Gruppe fordert Harry auf, sich zu überlegen, ob er auch in anderen Bereichen seines Lebens mit dem Dilemma zu tun hat, seine eigene Macht behaupten zu müssen, wenn er sich schwach fühlt.

An diesem Punkt fordere ich Harry auf, sich zu erheben und im Raum herumzugehen. Er tut das. Ich bitte ihn, sich zu beschreiben, wie er geht, wie er sich fühlt. Er erkennt, daß seine Schultern nach hinten gezogen sind, wie bei der Karikatur eines Soldaten; seine Arme hängen schlaff an seinem Körper hinunter. Ich ersuche ihn, mit anderen Haltungen seines Oberkörpers zu experimentieren. Ich ahme seine Haltung nach, damit er sie klarer sehen kann, und ich teile ihm mit, wieviel Anspannung ich in meinen Schulterblättern fühle, wenn ich diese Haltung einnehme. Ich bitte Harry dann, weiter herumzugehen und zu beschreiben, was in seinem Unterkörper und in seinen Beinen passiert. Ist ihm bewußt, wie er sein Becken zurücknimmt, so daß seine Genitalien nach hinten gezogen werden? Er drückt die Beine auf eine stolzierende Weise nach vorn, die im Gesäß beginnt, so daß er an einen Hahn erinnert. Gleichzeitig läßt er die Füße irgendwie schleifen, so daß seine Sohlen den Boden nicht zu berühren scheinen, als führe er einen Tanz aus. Harry ist ein Intellektueller, der seinen Körper vernachlässigt hat. Ich vermute, daß er an diesem Abend genügend gearbeitet hat, um sich bewußt zu werden, in welcher Weise seine Schwierigkeiten im Lehrberuf mit seinem Bedürfnis zusammenhängen, sich von anderen seinen Wert bestätigen zu lassen, eine Bestätigung, die er sich selbst vorenthält. An diesem Punkt weiterzugehen, hieße, kein Gespür dafür zu haben, wieviel Harry auf einmal verkraften kann. Ich schlage ihm vor, sich allein mit seinem Gang zu beschäftigen und mit anderen Körperhaltungen zu experimentieren, die bequemer sind. Ich verspreche ihm, daß wir ein anderes Mal eingehender an seinem Verhältnis zu seinem Körper arbeiten werden.

Douglas ist ein neues Mitglied der Gruppe. Er hat die Emotionalität der Begegnung zwischen Harry und Richard mit Neugier und Schrecken verfolgt. Ich fordere ihn auf, den Mitgliedern der Gruppe zu sagen, was er sich von der Gruppe wünscht und warum er gekommen ist. Ich bin weniger an seinen Antworten interessiert als daran, wie er mit meiner Frage umgeht. Doug gibt zunächst eine vage Antwort, die üblichen Formeln. Er möchte mit Menschen zusammen sein, kontaktfähiger werden und sich selbst besser kennenlernen. Als ich nach Details frage — wie er jetzt Kontakt aufnimmt, was er über sich erfahren möchte — wird er vage. Ich weise ihn auf sein Ausweichen hin, und daraufhin schweigt er. Ich frage ihn, ob er sich kritisiert fühlt; das gibt er zu. Ich erkläre ihm, daß wir in der Gestalt-Therapie von den Teilnehmern erwarten, die Verantwortung für sich zu übernehmen; wenn er sich vage ausdrückt, dann sollte er dazu stehen. Falls es ihm nicht bewußt ist, daß er vage wirkt, bitte ich ihn zu schauen, ob er mit seiner Vagheit in Kontakt kommen kann. Solange ihm nicht bewußt ist, was er tut, und er die Verantwortung dafür nicht übernehmen kann, ist es unwahrscheinlich, daß es ihm gelingen könnte, sich in irgendeiner Weise zu verändern. Ja, solange er sich nicht bewußt ist, was er tut und was er aufgrund seiner Handlungen erhält, wird er kaum erkennen können, ob er sich verändern oder so bleiben will, wie er ist. Ich erkläre ihm dann, daß es meine Aufgabe sei, ihm zu helfen, sich bewußt zu werden, was er tut, und daß er die Wahl hat, dies als eine Form von Kritik oder Tadel aufzufassen oder meine Beobachtung als etwas zu akzeptieren, womit er arbeiten kann und das er überprüfen kann, ob es für ihn stimmt.

Mein kleiner Vortrag ist zu Ende, und ich frage Doug, wie er sich jetzt fühlt. Er antwortet, daß er sich etwas besser fühle, aber immer noch angespannt sei. Ich ersuche Doug, mir mehr über seine Anspannung zu sagen, wo und wie er sich angespannt fühlt. Doug sagt, er verspüre eine starke Beklemmung in der Brust, als ob diese zusammengepreßt würde. Ich frage ihn, ob er sich seiner Atmung bewußt sei, und bitte ihn, sie zu beschreiben. Er sieht mich überrascht an — Ist das nicht eine lächerliche Frage? — hält inne und antwortet dann, daß er kaum atme. Ich erkläre ihm, Anspannung entstehe unter anderem, wenn man aufhöre zu atmen. Ich schlage ihm vor, mit anderen Formen des Atmens zu experimentieren. Er versucht es mit kurzen, raschen Atemzügen und sagt, daß er anfange, sich schwindlig und benommen zu fühlen. Ich weise ihn darauf hin, daß er nahe daran sei zu hyperventilieren (überatmen) und daß dies ein weiteres Mittel sei, um sich Angst zu machen. Dann schluckt Doug riesige Mengen Luft, als schwimme er und sei im Begriff, unter Wasser zu tauchen. Er verspürt immer noch Angst. Ich weise ihn an, die ganze Luft restlos aus seinem Bauch herauszupressen. Er tut das und lernt dabei, daß er, wenn er die ganze Luft aus seinem Bauch herauspumpt, automatisch einen tiefen Atemzug macht. Er beginnt, natürlich zu atmen, und ich frage ihn, wie er sich fühlt. Besser, aber immer noch angespannt. Er verspürt ein Kribbeln. Ich frage ihn, ob er möglicherweise aufgeregt ist. Er lächelt flüchtig. Ja, er ist aufgeregt; er hatte das vor sich selbst verborgen. Er entspannt sich und ist zufrieden mit sich selbst. Ich halte einen weiteren kleinen Vortrag, daß Anspannung manchmal eine Form blockierter Erregung sein kann, daß Menschen manchmal Angst davor haben, aufgeregt zu sein, bzw. sich dadurch bedroht fühlen und daß sie, um ihre Erregung unter Kontrolle zu bringen, diese rigoros unterdrücken. Die Gefühle der Erregung werden unterdrückt und verwandeln sich in Angst.

Ich halte in diesem Augenblick für einen tiefen Atemzug inne und bemerke, daß der Bauch mit Zigarettenrauch gefüllt ist.

Eine Debatte beginnt — Raucher gegen Nichtraucher. Die Nichtraucher sind eine neue und robuste Rasse, die in den letzten Jahrzehnten weniger passiv geworden ist. Sie wollen es sich nicht länger bieten lassen, den Rauch aus fremden Zigaretten einatmen zu müssen. Die etwas in die Defensive gedrängten Raucher plädieren für Toleranz, ja für Nachsicht. Der Qualm wird dicker, die Aschenbecher füllen sich. Jetzt, da die Gruppe entspannter ist, wird die Tür geöffnet — es schert sie nicht mehr, was Vorübergehende vom Korridor aus hören können; wichtiger ist, frische Luft für Raucher und Nichtraucher hereinzulassen.

Eine Gruppe gelangte zu einem Kompromiß. Die Raucher / innen beschränken sich freiwillig auf eine Zigarette pro halbe Stunde, es sei denn, sie »arbeiten«; dann dürfen sie rauchen wie ein Schlot. Manche Therapeuten lehnen es ab, einem Gruppenmitglied, das gerade arbeitet, überhaupt das Rauchen zu gestatten, aber ich möchte niemanden willkürlich seiner Requisiten berauben. Gelegentlich bitte ich jedoch Raucher / innen, auf ihre übliche Zigarette zu verzichten. In einem solchen Fall entspringt meine Entscheidung der jeweiligen Situation; es handelt sich nicht um eine feststehende Regel.

Ich selbst rauche nicht — d.h. ich rauche etwa ein halbes Dutzend Zigaretten pro Woche. Die Toilette steht immer als ein Refugium zur Verfügung. Als ich in der Grundschule war, hob ich ungeachtet des Zustands meiner Blase häufig die Hand und meldete, ich müsse »hinaus«, um für etwa fünf bis zehn Minuten dem Klassenzimmer zu entfliehen. Und jetzt geschieht dasselbe in der Gruppe. Die Mitglieder zieht es auf die Toilette, wenn sie eine Pause benötigen. In gewisser Weise hat die Toilette dieselbe Funktion wie der Wasserspender im Büro; wenn die Leute einen Vorwand brauchen, um sich von ihren Schreibtischen zu entfernen, ohne Schuldgefühle haben zu müssen, dann füllt sich ihre Blase oder der Darm meldet sich.

Was manchmal komisch wirkt, ist, daß der nächste, der an der Reihe ist — sei es, weil er selbst um Zeit gebeten hat, sei es, weil ich ihn darauf hingewiesen habe, daß er etwas für sich tun sollte — gerade dann ein natürliches Bedürfnis verspürt, wenn der Vorgänger im Begriff ist, seine »Arbeit« abzuschließen, mit der Folge, daß die Gruppe auf das Mitglied warten muß, das sich eben in Klausur befindet. Dann gönnen wir uns alle eine Pause, während sich die nächste Person auf ihre »schwere Prüfung« vorbereitet.

Louise ist jetzt über mich verärgert. Sie findet, wenn ich ein Gestalt-Therapeut sei, sollte ich keine Vorträge halten, ich sei zu intellektuell. Dies ist ein ständiger Kampf, den ich mit Louise ausfechte. Louise ist von Big Sur (Kalifornien) nach New York übersiedelt, und sie verwechselt nach meiner Auffassung einige der späteren Schriften von Fritz Perls mit der gesamten Gestalt-Therapie. Louise lehnt alle Deutungen ab, owohl ich sie ersucht habe, Gestalt-Therapie in Aktion sorgfältig zu lesen und zu prüfen, ob es da nicht eine Menge Deutungen gibt. Sie ist gegen jegliches Theoretisieren und jede Art von Unterricht. Ich frage Louise, ob sie ihre eigene Lebensweise ganz und gar selbst erfunden habe, und wenn nicht, wo sie sie gelernt habe. Louise haßt jede Art von Formalität und alle traditionellen Verhaltensweisen; sie möchte frei sein. Sie zieht es vor zu vergessen, daß sie sprechen *gelernt* hat; sie hat die englische Sprache nicht erfunden. Sie hat kochen *gelernt;* sie hat sogar malen *gelernt.* Ich fordere Louise auf, jetzt und hier ihre eigene Sprache zu erfinden und mit uns zu kommunizieren. Sie stellt sich sogleich dieser Aufgabe, gibt gutturale Laute von sich und beginnt zu gestikulieren. Jemand weist sie darauf hin, daß sie Zeichensprache benutze und daß sie auch diese *gelernt* habe. Ihre Erregung steigt; ich ersuche sie, auch ihre eigene Zeichensprache zu erfinden. Sie versucht es, und wir amüsieren uns über manche ihrer Kreationen, aber niemand hat eine Idee, was sie zu sagen versucht.

Dann frage ich Louise, wie sie sich fühlt. Sie ist hellwach und erregt. Sie hatte geglaubt, sie würde sich frei fühlen, wenn sie der Tyrannei der Sprache entflieht; die Möglichkeit, ihre Sprache zu schaffen, entzückte sie, aber als sie damit zu arbeiten versuchte, empfand sie die Schwierigkeit, ein völlig neues Kommunikationsmittel zu erfinden, als bedrückend. Als man ihr auch die Zeichensprache wegnahm, habe sie sich isoliert und frustriert gefühlt. Louise spürt, daß sie sich zuviel zugemutet hat.

Ich frage sie, was sie so daran störe, etwas von anderen zu übernehmen, ob es sich nun um Sprache oder Traditionen handelt. Louise wird rasch ärgerlich: weil man dann dankbar sein muß, weil dann von einem erwartet wird, daß man die Regeln befolgt, weil man dann seine Freiheit einbüßt. Ich frage Louise, wem sie gehorchen mußte, wem sie Dankbarkeit zu schulden glaubte. Sie antwortet spontan, Meiner Mutter. Louise beklagt sich bitter, daß sie sich als Kind von ihrer Mutter eingeschränkt fühlte, daß ihre Mutter immer von ihr verlangte, lieb und brav zu sein, daß ihre Mutter sie in Schürzenkleider und später in Sweater-Sets steckte und sich bemühte, ihr die Wertvorstellungen der begüterten Schichten Kaliforniens einzutrichtern. Ich gebe Louise zu bedenken, daß ihre Mutter diese Macht in der Vergangenheit gehabt haben mag, als Louise noch klein war oder sich ihr gegenüber noch verpflichtet fühlte, aber daß sie jetzt erwachsen sei und ihre eigenen Entscheidungen treffen könne. Louise entgegnet rasch, Allerdings. Ich lebe so, wie ich es will. Ich frage Louise, Und wie ist das? Sag jedem einzelnen von uns, wie du dich entschieden hast, jetzt zu leben.

Louise teilt uns mit, daß sie nicht zu festgelegten Zeiten essen, sich konventionell kleiden und nach festgelegten Regeln leben möchte. Ich weise sie darauf hin, daß sie uns nicht sagt, was sie will, sondern was sie nicht will. Sie hält wütend inne, überlegt eine Weile und macht dann weiter. Sie sagt trotzig, Ich möchte lange schlafen, bumsen, mich betrinken, schnell autofahren, schlampig sein. Ich frage sie, wen das am meisten ärgern würde, und sie schreit, Meine Mutter, diese alte Hexe. Ich mache sie darauf aufmerksam, daß Louise gerade die Dinge am liebsten tun möchte, die ihr verboten wurden oder die ihre Mutter am meisten mißbilligt.

Helena fragt, Wenn das Freiheit ist, was ist dann Rebellion? Louise ist sich nicht sicher. Sie überlegt einen Augenblick und antwortet dann, sie sehe ein, daß sie vielleicht nicht frei gewesen sei, daß ihre Freiheit großenteils ein Versuch sei, gegen ihre Mutter zu rebellieren. Sie wendet sich rasch mir zu. »Wie kann ich frei sein, zum Teufel? Sag es mir.« Ich antworte Louise, daß ich niemandem sagen könne, wie er frei sein kann, aber daß ich ihr helfen könne, zu entdecken, inwiefern sie nicht frei ist; ihr *bewußt*zumachen, wie sehr sie immer noch in ihrem Bedürfnis gefangen ist, genau das Gegenteil dessen zu tun, was ihre Mutter freuen würde, und daß sie sich damit zufrieden gibt, statt ihre eigene Freiheit zu suchen. Louise dringt weiter in mich. Das sei ihr nicht genug; wie könne sie frei sein? Ich antworte ihr, ich würde mich von ihr ebensowenig davon abhalten lassen, einen kleinen Vortrag zu halten, wenn ich meinte, daß Doug davon profitieren könne, wie ich mich von ihr zwingen ließe, über Freiheit zu dozieren. Ich füge meine Vermutung hinzu, daß sie, wenn ich ihr ein Rezept gäbe, doch nur das Gegenteil tun würde. Ich wiederhole dann, das Beste, was ich für Louise tun könne, sei nach meiner Ansicht, ihr zu helfen, sich bewußtzuwerden, wo sie jetzt stehe und wie sie ihr Leben lebe. Sobald sie sich darüber im klaren sei, könne sie darangehen, ihre Vorstellung von Freiheit herauszufinden, die für sie selbst richtig sei und nicht eine Parodie der Wertvorstellungen ihrer Mutter.

Louise scheint etwas besänftigt; sie antwortet nicht. Ich versuche, ihr sachte klarzumachen, daß wenig für sie gewonnen ist, wenn ich ihre Mutter als jemand ersetze, der ihr Verhaltensmaßregeln für ihr Leben gibt. Vielleicht kann Louise durch unsere Auseinandersetzung an diesem Abend begreifen, daß sie versucht hat, mich in Positionen zu drängen, um gegen diese rebellieren zu können. Vielleicht ist diese Einsicht ein erster Schritt. Louise ist hin- und hergerissen. Sie akzeptiert, was ich gesagt habe, aber gleichzeitig will sie noch mehr. Ich mache ihr klar, daß sie für den Augenblick damit wird leben müssen, daß dies alles ist, was ich ihr in diesem Moment zu bieten habe, daß unsere Sitzung zu Ende ist und daß ich müde bin.

Damit ist die Sitzung offiziell geschlossen. Wenn eine Gruppe neu ist, wenn erst wenige Sitzungen stattgefunden haben, fordere ich alle Mitglieder auf, ein paar Worte darüber zu sagen, was sie in bezug auf das Geschehene empfanden. Dadurch erhalten gehemmte Mitglieder Gelegenheit, sich zu äußern. Wenn die Gruppe jedoch schon länger besteht, dann zögern die Mitglieder nicht, sich im Verlauf der Sitzung zu Wort zu melden, und sie ziehen es deshalb vor, auf die »Schlußrunde« zu verzichten. Ich frage Doug jedoch, ob er etwas sagen will, da er ein neues Mitglied der Gruppe ist. Er lächelt und antwortet, daß er zwar jetzt weniger Angst habe, daß er aber immer nocht nicht sicher sei, wie offen er sein kann. Andere bemerken, daß er genügend Zeit haben werde, daß Richard, Harry und Louise der Gruppe schon ein Jahr angehören.

Die Sitzung ist vorüber. Wir haben zwischen zwei und drei Stunden miteinander verbracht und uns intensiv auf die intimen Gedanken und Gefühle der anderen eingelassen und mit Bedeutungen, Einstellungen und Verhaltensweisen experimentiert. Wir haben uns bemüht direkt, ehrlich und offen zu sein. Und jetzt ist es zu Ende. Aber nur in bezug auf die Uhrzeit. Oft wollen sich die Gruppenmitglieder noch nicht voneinander trennen, bloß weil die Sitzung vorüber ist. Die Sitzung mag zu Ende sein, aber sie sind noch nicht fertig miteinander. Also bleiben sie noch, während ich die Kaffeetassen einsammle und die Aschenbecher auslehre. Manche helfcn mir; andere umarmen einander, lachen, reden; manche schlüpfen unauffällig hinaus, froh, verschwinden zu können, denn die Gruppenerfahrungen können einem sehr nahegehen, und manche Teilnehmer erleben in der Gruppe einen intensiveren Kontakt mit anderen, mit der Welt, als sie die ganze Woche über hatten, deshalb verspüren sie danach den Wunsch, sich in einer ruhigen Höhle zu verkriechen. Ich habe keine Regeln in bezug auf das Saubermachen. Es ist meine Praxis; es belastet mich nicht, wenn mir niemand hilft. Ich bin nicht dankbar, wenn sich jemand erbötig macht. Manchmal, wenn die Arbeit besonders erschütternd war, habe ich Schwierigkeiten, die Teilnehmer loszuwerden. Ich scheuche sie in gespieltem Grimm hinaus: es ist spät, und ich bin müde. Gewöhnlich gehen einige von ihnen nach der Sitzung noch miteinander in eine benachbarte Kneipe auf ein Bier und um weiterzureden. Oder sie stehen vor meinem Haus auf der Straße und verhandeln, wer wen im Auto mitnimmt und wer etwas essen möchte, oder sie plaudern einfach noch miteinander.

Ich habe keine Regeln in bezug auf Kontakte der Gruppenmitglieder zwischen den Sitzungen aufgestellt, obwohl das viele Therapeuten tun. Manche Teilnehmer gehen Freundschaften oder Liebesbeziehungen ein. Wenn sich die Freunde oder Liebespaare streiten, dann bitte ich sie, die Auseinandersetzungen nicht zum Vorwand für das Ausscheiden aus der Gruppe zu nehmen, sondern diese Streitigkeiten in die Gruppe einzubringen und daran zu »arbeiten«.

Ebenso, wie sich Mitglieder vor Beginn der Sitzung zum Abendessen oder auf einen kleinen Imbiß treffen und dann die Rivalitäten, Eifersüchteleien und verletzten Gefühle, die sich entwickeln, in die Gruppensitzung mitbringen, so haben sie auch das Recht, nach der Sitzung beisammen zu sein und die Gruppe ohne mich fortzusetzen. Ob ich es wissen will oder nicht, kann es sein, daß sich Teilnehmer durch meine Anwesenheit gehemmt fühlen; in einer Kneipe oder bei einem Imbiß vor der Sitzung fühlen sie sich freier, Gefühle der Zuneigung zueinander zu entwickeln, ohne meinen — aus ihrer Sicht — elterlichen Blicken ausgesetzt zu sein. Wenn sie es wollen, können sie das, was sich nach den Sitzungen in der Kneipe abspielt, in die Gruppe einbringen, und auch das ist manchmal sehr nützlich. Aber ich frage normalerweise nie, was sich bei diesen Zusammenkünften vor oder nach den Gruppensitzungen ereignet. Die Gruppenmitglieder sollen das Recht auf ihr eigenes Leben haben, ohne daß ich von ihnen verlangen muß, mir alles zu berichten. Eine der Gefahren des Therapeutseins ist der Glaube, alles wissen zu müssen, was im Leben eines Klienten wichtig ist. Ich will nicht ihre Gestapo sein und darauf bestehen, alles zu wissen. In den Einzelsitzungen geschieht in der Tat genügend, womit ich mich auseinandersetzen muß, so daß ich kein Bedürfnis habe, noch mehr zu erfahren. Ich möchte, daß die Gruppenmitglieder für ihr eigenes Leben verantwortlich sind, wenn ich nicht da bin, und deshalb stelle ich, wenn ich Ferien mache, es jeder Gruppe anheim, die Zusammenkünfte in meiner Abwesenheit fortzusetzen, falls sie das wünscht. Es ist ihre Entscheidung. Ich ziehe es vor, daß sie sich im klaren darüber sind, ohne mich existieren zu können, auch in einer Gruppensitzung, und daß das, was sie außerhalb der Sitzungen aus ihrem Leben machen, etwas ist, was mich zwar interessiert, aber worin ich nicht herumschnüffle.

Alle Mitglieder sind schließlich gegangen. Ich werfe einen letzten Blick auf den Raum, stelle fest, daß er halbwegs in Ordnung ist und daß die Aschenbecher und Kaffeetassen aufgeräumt sind, schalte das Licht aus und schließe die Tür bis zum nächsten Tag.

Die Gruppensitzung ist vorüber, aber ich habe den Begriff der »Arbeit« noch nicht erklärt. In dieser Sitzung haben wir alle gearbeitet, speziell aber Harry, Richard, Doug und Louise. Manche Therapeuten würden sagen, diese vier Mitglieder der Gruppe haben auf dem »heißen Stuhl« gesessen. Der »heiße Stuhl« ist ein Begriff, den Fritz Perls zur Charakterisierung einer von ihm praktizierten Gruppentherapie geprägt hat. Fritz (fast niemand nannte ihn Dr. Perls oder Friedrich) arbeitete vorwiegend mit jeweils einem Gruppenmitglied, während die anderen Teilnehmer zuschauten. Das Mitglied, mit dem er arbeitete, genoß seine ausschließliche Aufmerksamkeit und befand sich daher auf dem »heißen Stuhl«.

In meinen Gruppen bevorzuge ich ein viel höheres Maß an Beteiligung seitens der anderen Mitglieder, so daß außer mir selbst gewissermaßen die Gruppe als Ganzes bzw. einzelne Mitglieder als Therapeuten fungieren. Auf diese Weise können sich alle einbringen, und die Rolle des Therapeuten ist nicht so sakrosankt bzw. mein exklusives Vorrecht.

Wenn sich Harry, Richard, Doug oder Louise bereit erklären zu arbeiten, sei es verbal oder nonverbal, dann akzeptieren sie es, im Brennpunkt der Aufmerksamkeit der Gruppe zu stehen. Sie akzeptieren die Notwendigkeit, oft im Gegensatz zu dem, was ihnen ihr gesunder Menschenverstand sagt, Anweisungen entgegenzunehmen, neue Experimente auszuprobieren und anderen zuzuhören.

Bei dieser Arbeit sind sie sich oft der unterschiedlichsten Gefühle und Zustände bewußt. Sie hören nicht besonders gut, sie mißverstehen, was gesagt wird, sie lassen sich leicht ablenken, sie fühlen sich gedemütigt, sie möchten sich am liebsten davonschleichen, sie spüren nicht, wie sie ihre Gefühle präsentieren, sie sind überzeugt, daß das alles niemanden interessiert, daß sich die anderen langweilen und wollen, daß sie aufhören, daß die anderen sie kritisieren usw.

Mit anderen Worten, Gruppenmitglieder, die arbeiten, leisten auf tausenderlei Weise Widerstand. Perls sagt, der Patient habe ein Recht, Widerstand zu leisten; dies sei ein Teil seiner Arbeit. Es ist meine Aufgabe und die Aufgabe der Gruppe, den Betreffenden nicht nur darauf aufmerksam zu machen, daß er Widerstand leistet, sondern auch, wie er das tut. Wenn ihm bewußt wird, wie er Widerstand leistet, dann kann er etwas dagegen tun. Wenn er sich seiner Arbeit bewußt wird, und was er davon hat, dann kann er darüber nachdenken, ob er fortfahren will, sie in derselben Weise zu benutzen.

Abwehrmechanismen und Widerstände sind im Grunde wertvolle Bestandteile der Persönlichkeit, die aber rigide oder überstrapaziert werden können. Harrys Gefühle von Schwäche gestatten ihm, seine Stärken zu vermeiden, von denen er glaubt, daß sie seinen Vater herausfordern würden; Louises Bedürfnis nach Auflehnung bewahrt sie davor, herauszufinden, was sie wirklich will, und sich ihren Gefühlen gegenüber ihrer Mutter zu stellen. Wenn jemand in der Gruppe »arbeitet«, kann er seine Abwehrmechanismen und Widerstände erforschen. Er kann auch neue Möglichkeiten ausprobieren, mit Situationen umzugehen. Viele der Ad-hoc-Experimente, in denen Richard und Harry Rollenspiele veranstalten, dienen dem Zweck, sowohl neue Elemente zutage zu fördern, als auch alte Verhaltensmuster klarer erkennbar zu machen. Die Arbeit wird somit zu einem Abenteuer mit dem Ziel, sich selbst wirklich besser kennenzulernen, neue Verhaltensweisen auszuprobieren und zu lernen, sich hier und jetzt selbst zu akzeptieren — nicht, wie ich gern sein möchte, und nicht, wie ich befürchte, von anderen gesehen zu werden, sondern so, wie ich bin.

Der Brennpunkt verschiebt sich rasch von Harry auf Richard, wenn ich es zulasse; dann in formeller Weise auf Doug und danach rasch auf Louise. Ich muß bereit sein, mit einer Gruppe »mitzugehen«, auf einen guten Teil meiner Kontrolle zu verzichten, meine Ideen davon aufzugeben, was passieren sollte und was nicht. Viele Therapeuten fürchten sich aus diesem Grund vor Gruppen. Es ist ihnen nicht geheuer, so locker mit einer Gruppe umzugehen und sich von ihr da hinführen zu lassen, wo sie hin will. Damit meine ich nicht, daß ich einer Gruppe überallhin folge. Wenn ich den Eindruck oder das Gefühl habe, daß etwas Wichtiges vermieden oder absichtlich ignoriert wird, dann zögere ich nicht, einzugreifen. Ich bin sehr aktiv in meinen Gruppen, aber ich versuche auch, sehr empfänglich dafür zu sein, wo andere hinwollen, darauf zu achten, was sie für wichtig halten, zu vertrauen, daß etwas Nützliches dabei herauskommen wird, wenn ich bereit bin, mit den Ideen anderer mitzugehen; und wenn wir schließlich in einer Sackgasse enden, haben wir zumindest einen Versuch gemacht. Ich muß nicht immer recht behalten oder einen Punkt einheimsen. Manchmal ringen wir in einer Gruppe einen ganzen Abend lang, und was uns am Ende bleibt, ist ein besseres Verständnis dafür, wie sehr ein Mitglied dort verharren möchte, wo es sich gerade befindet. Dies ist eine wichtige Erfahrung und etwas, das wir zu respektieren haben.

Was ich bevorzuge, ist, daß die Gruppensitzung ihr eigenes Leben, ihre eigene Schubkraft entfaltet, und daß jede Sitzung eine eigene, einzigartige Gestalt annimmt. Keine zwei Gruppen gleichen einander. Aus diesem Grund haben wir die beste Chance, die Arbeit nicht langweilig zu machen. Dennoch ist sie manchmal mühsam. Wenn ein Mitglied über hervorragende Abwehrmechanismen verfügt und nicht bereit ist, viel zu riskieren, dann kann die Gruppe oder ich ungeduldig werden. An diesem Punkt haben wir die Wahl, zu etwas oder jemand anderem überzugehen oder weiterhin bei den Widerständen des Betreffenden zu bleiben und zu schauen, ob wir seine Blockade auflösen können; zu prüfen, ob wir akzeptieren können, an welchem Punkt er sich eben befindet, und wenn er damit zufrieden ist, dann sind auch wir es. Die Arbeit in einer Gruppe wird von manchen als so bedrohlich empfunden, daß sie es vorziehen, das Risiko nicht einzugehen.

Die Arbeit kann als eine Prüfung verstanden werden; als eine Selbstdarstellung; als eine Chance, Einsichten zu gewinnen, etwas zu überwinden, Mittelpunkt der Aufmerksamkeit zu sein. In einer optimal funktionierenden Gruppe geht die »Arbeit« in leichter, lockerer Weise oft rasch von einem Mitglied zum anderen über. Die Gruppe ist jedoch nicht immer so entspannt, und häufiger kommt es vor, daß nur jeweils ein Mitglied arbeitet. Manche Mitglieder erzeugen eine ungeheure Spannung, wenn sie Gelegenheit haben zu arbeiten, und trotz all meiner Anstrengungen und der Bemühungen der übrigen Teilnehmer kommen wir nicht weiter. Die Angst, den übrigen Gruppenmitgliedern etwas zu enthüllen, wirkt lähmend; dagegen ist nichts auszurichten. Ich habe Gruppenmitglieder, die regelmäßig erscheinen und, ganz gleich was geschieht, meistens stumm dasitzen. Wenn man sie persönlich fragt, ob sie an etwas arbeiten wollen, stimmen sie vielleicht widerwillig zu, aber viel mehr kommt dann auch nicht. Dennoch bleiben diese Mitglieder mit ihrer beharrlichen Kraft und ihrer Fähigkeit, sich zu verweigern und nein zu sagen, so groß der Druck auch sein mag, bei der Stange und ziehen Nutzen aus der Gruppe, aber nicht aufgrund ihrer aktiven, unmittelbaren Beteiligung. In der Gruppensitzung wehren sie sich erfolgreich dagegen, sich anderen gegenüber zu öffnen, aber draußen, in ihrem eigenen Leben, ziehen sie Nutzen aus den Erkenntnissen, die sie uns vorenthalten haben.

7. Die Gruppe und ich

Ich kann gar nicht zu nachdrücklich betonen, wie wichtig und gewinnbringend die Gruppe ist. Im vorigen Kapitel habe ich kurz beschrieben, was in einer Gruppe vor sich geht, und ich habe zu zeigen versucht, weshalb die Gruppe so nützlich ist. Aber ich habe noch nicht dargestellt, wie die Gruppe organisiert ist, wie ihre Mitglieder interagieren und was in einer Gruppe passiert. Jetzt möchte ich mich der Gruppe aus einer anderen Perspektive nähern und auf ihre drei Hauptbestandteile eingehen: die Therapeutin bzw. den Therapeuten, das Mitglied, das arbeitet, und die übrigen Mitglieder.

1. Die Therapeutin

Als Leiter einer Gruppe habe ich ein akuteres Problem als in Einzelsitzungen. In letzteren kann ich mich einer Dialogform, des Austauschs zwischen zwei Menschen bedienen: Frage und Antwort, Aussage und Gegenaussage. Natürlich stehe ich auch da vor der Frage, wieviel ich sagen und wie häufig ich intervenieren soll. Aber ich weiß, wenn ich es nicht tue, dann mußt entweder du es tun oder es bleibt ungeschehen. In der Gruppe besteht die zusätzliche Chance, daß ein Gruppenmitglied eingreift, wenn ich schweige, und die Situation in einer therapeutischen Richtung vorwärtstreibt (es besteht auch die Möglichkeit, daß ein Mitglied eingreift und die Situation auf ein nichttherapeutisches Ziel zutreibt, aber darauf können wir später eingehen).

In der Gruppe ziehe ich es vor, so wenig wie möglich zu sagen. Das Ziel ist, daß alle Gruppenmitglieder als ihre eigenen Therapeuten fungieren. Leider ist das nicht immer möglich, und wenn es gelänge, wozu wäre ich dann überhaupt nötig? Warum nicht eine Gruppe ohne Leiterin aufziehen? Ja, warum nicht? Genau dies geschah mit einer Gruppe meiner Praktikanten in Therapie. Nach einem zwei- bis dreijährigen Kurs hatten sie genügend Vertrauen zu ihren eigenen Fähigkeiten, so daß sie sich inzwischen regelmäßig ohne mich treffen.

Wenn ich verreise und an einer Gruppensitzung nicht teilnehmen kann, empfehle ich der Gruppe ebenfalls, ohne mich zusammenzukommen. Dies ist der überzeugendste Beweis, daß sie ohne mich auskommen können. Es ist auch wichtig für die Gruppe zu erkennen, daß sie ohne meine Anwesenheit die Arbeit fortsetzen und Resultate erzielen kann.

Dennoch muß ich um meiner selbst willen glauben können, daß ich etwas zu der Gruppe beitragen kann. Zunächst schaffe ich eine Atmosphäre, die besagt, daß wir zusammengekommen sind, um nach neuen Formen des Lebens mit uns selbst und anderen zu suchen. Ich biete in Gegenwart anderer eine Gelegenheit, Dinge auszuprobieren, die bis zu diesem Augenblick schwierig, wenn nicht unmöglich waren. Im Extremfall ist es für manche Menschen bereits eine neue Erfahrung, in einer Gruppe zu Wort zu kommen und zu erwarten, angehört zu werden. Vor kurzem hat sich in einer meiner Gruppen ein etwa vierzigjähriger Mann, der ihr seit mehr als einem Jahr angehörte, zum ersten Mal zu Wort gemeldet. Bis dahin hatte er sich beharrlich allen Versuchen entzogen, zu erreichen, daß er sich entspannte, über sich sprach und an seinem Problem arbeitete. Die Teilnehmer hatten gelitten und ich mit ihnen, während wir uns bemühten, ihm Gefühle, Gedanken und Probleme zu entlocken. Wenn wir ihn ignorierten, war er zufrieden. Ignorierten wir ihn nicht, dann benahm er sich wie eine Schildkröte oder ein Fels. Wenn wir ihn aufforderten, die Rolle des Felsen zu spielen, reagierte er verächtlich. Aber allmählich machte er während dieses Zeitraums kleine, nahezu unmerkliche Schritte, so winzige Schritte, daß es möglich war, sie zu bagatellisieren oder zu ignorieren. Und dann geschah es. Er erschien in der Gruppe und wählte sich das mächtigste Gruppenmitglied für seinen Anpfiff aus. Sehr ruhig nahm er den Mann ins Visier und attackierte Mängel in seinem Charakter. Der große Schweiger war jetzt wütend, brutal, gnadenlos in seinen verbalen Attacken. Das stärkere Mitglied konnte es sich leisten, den Angriff auszuhalten, und er konnte von dem Schweigsamen auch einiges lernen. Die übrigen, darunter auch ich, genossen die Demonstration dessen, was sich unter dem Schweigen verbarg: der Wunsch, mächtig und beherrschend zu sein, für dessen Erfüllung der Schweigsame jetzt bereit war, ein Risiko einzugehen. Lachend bemerkte ich, ich erwartete, in sechs Wochen attackiert zu werden, aber da irrte ich mich. Denn sobald er das stärkste Gruppenmitglied abserviert hatte, schoß er sich auf mich ein. Ich brauchte keine zwei Minuten zu warten.

Die soeben erwähnte Erfahrung war ebenso eindrucksvoll wie die Szene in *My Fair Lady,* als Eliza Doolittle zum Erstaunen und Vergnügen von Professor Higgins erstmals ihren Paradesatz vorführt: »The rain in spain falls mainly in the plain.« Wir waren alle Zeuge eines kleinen Wunders geworden. Ein Mensch, der total blockiert, gehemmt und eingeschränkt gewesen war, hatte soeben einen Riesenschritt hin zur Erreichung einer neuen Wachstums- und Entwicklungsstufe getan. Und das Erregende für mich und alle anderen Gruppenmitglieder war, daß wir daran beteiligt waren und das Privileg hatten, Zeugen dieses Ereignisses zu werden.

Mein eigener Beitrag hatte zum Teil darin bestanden, die Hoffnung und den Glauben anzubieten, daß diese Art von Veränderung möglich ist; eine Atmosphäre zu schaffen, die kleinen Schritten zur Veränderung förderlich war, Schritte, die frei von Scham, Furcht, Schuld, Demütigung und Erniedrigung waren. Und ich trug auch Experimente bei, die das Gruppenmitglied machen kann.

Die Experimente sind wichtig, um einem Gruppenmitglied zu helfen, mit wichtigen Teilen seiner selbst in Kontakt zu kommen, die es benutzt, um seine Bemühungen um Veränderung zu blockieren. Wenn ich Experimente vorschlage, bemühe ich mich besonders, in lebendiger und erfinderischer Weise auf die Bedürfnisse der jeweiligen Person im gegebenen Augenblick einzugehen.

Ich dachte einmal daran, in diesem Buch eine Reihe von Experimenten anzuführen, verwarf diesen Gedanken aber wieder, weil sie dann »kalt« wären, und der Wert eines Experiments ja darin besteht, daß es etwas »Heißes« ist, das aus dem Augenblick heraus geboren wird. Das soll nicht heißen, daß manche Experimente nicht vermittelt werden könnten, aber ich möchte lieber nicht diese Art von Enzyklopädie schreiben. Wenn ich Experimente erfinde, überrasche ich mich ständig selbst. Indem ich mich ganz und gar auf die augenblickliche Situation einstelle, werde ich inspiriert, ein Experiment zu kreieren, das zuvor nicht existierte. So gesehen spiele ich in der Gruppe quasi die Rolle eines Zauberers. Ich nehme Elemente, die bereits vorhanden sind, aber ich verwandle sie. Das kann Gruppenmitgliedern Angst machen, die es gewohnt sind, am Banalen und Gewöhnlichen halt zu suchen. Als eine Teilnehmerin kürzlich blockiert in bezug auf das Thema war, an dem sie arbeiten wollte, forderte ich sie auf, jedem Mitglied eines der Dinge zu nennen, an denen sie nicht arbeiten wollte. Hier folgte ich einer bekannten Gestalt-Praxis, mit dem Widerstand einer Person mitzugehen, statt dagegen anzukämpfen. Auf diese Weise sollte etwas Neues und Frisches zutage gefördert werden, indem wir uns an das hielten, was die Betreffende im Augenblick zu vermeiden suchte, woran sie nicht arbeiten wollte. Sie erwiderte rasch, sie wolle nicht an Türen, Stühlen, Fenstern, Lava, Tischen und Fußböden arbeiten. *Lava* — wo kam denn das her? Diese junge Dame war sehr sanft, still und zurückgenommen. Ich forderte sie auf, »Lava zu sein«, und sie kam dem nach, indem sie einen reizvollen

Tanz improvisierte, der sich zu einem Crescendo, einem Ausbruch steigerte und dann langsam abklang. Wir waren alle erstaunt über die Schönheit und Originalität, vor allem aber über die emotionale Intensität des Tanzes dieser blockierten Frau. Dies war eine ziemlich neue Gruppe, und eine der Teilnehmerinnen bemerkte, sie finde mich furchterregend und unheimlich. Was würde ich als nächstes tun? Ich sei unberechenbar. Was sie wollte, war Sicherheit und Geborgenheit. Mit Tischen, Stühlen und Türen wäre sie einverstanden gewesen, aber nicht mit Fenstern und keinesfalls mit Lava.

Ich habe eine weitere wichtige Funktion in der Gruppe: notfalls zu bremsen. Während eines guten Teils der Gruppensitzungen bemühe ich mich, die Situationen in Bewegung zu halten, die Antennen der Leute für neue Möglichkeiten sensibilisieren, ihnen zu helfen, neue Bereiche oder blockierte Wege zu erforschen. Manchmal — nicht allzu häufig, aber manchmal — kommt es vor, daß die Teilnehmer/innen von den mächtigen neuen (oder alten) Gefühlen mitgerissen werden, und dann muß ich einschreiten. Ich spreche insbesondere über Streitigkeiten und Weinen.

Als ich anfing, Gruppen zu leiten, fürchtete ich Ausbrüche von Gewalttätigkeit. Ich wollte keine »Streitgruppen«, wie sie manchmal bezeichnet werden, bei denen die Leiterin die Gruppenmitglieder zu verbalen und sogar auch physischen Ausfälligkeiten ermuntert. Ich fühle mich immer noch nicht ganz wohl, wenn starke Feindseligkeit in der Luft liegt, aber im Laufe der Zeit habe ich gelernt, mit meinen eigenen Ängsten umzugehen. Doch wenn Teilnehmer tatsächlich zu raufen beginnen, wie das gelegentlich geschieht, dann gehe ich mit ihnen mit, bis ich den Eindruck habe, daß es für die Beteiligten nicht mehr nützlich ist. Wenn es zu einer Rauferei kommt, dann machen die anderen Gruppenmitglieder rasch Platz frei, so daß sich keine scharfen Kanten oder schweren Gegenstände in unmittelbarer Nähe der Kampfhähne befinden. Sie nehmen ihnen auch rasch die Brille ab und halten sich bereit, sie nötigenfalls voneinander zu trennen. Sobald ich den Eindruck habe, daß die Keilerei keinen besonderen therapeutischen Nutzen mehr verspricht, fordere ich die Beteiligten auf einzuhalten, und sie leisten dieser Anweisung auch Folge. Sie wollen ja nicht Blut sehen oder den anderen fertigmachen. Wir können dann, je nach der Situation, über das Geschehene sprechen oder auch nicht.

Was mir überaus wichtig erscheint, ist jedoch, daß ich die Zügel nicht nur lockerlassen, sondern sie nötigenfalls auch wieder anziehen kann. Dies ist ebenso wichtig, wenn jemand von Tränen überwältigt wird und in der

Gruppe hemmungslos zu schluchzen beginnt. Auch das kann manchen Gruppenmitgliedern Angst machen. Für manche Teilnehmer/innen sind Tränen kostbarer als Gold; sie weinen nur in den extremsten Situationen. Mir ist es immer leichter gefallen, mit Tränen umzugehen als mit starken Aggressionen, deshalb kann ich weinende Gruppenmitglieder mit größerer Gelassenheit trösten. Und ebenso, wie ich einen weinenden Menschen im »wirklichen Leben« in die Arme nehmen würde, zögere ich auch nicht, dasselbe in der Gruppe zu tun. Auch hier habe ich eine Entscheidung zu treffen. Wenn sich ein Mitglied gestattet, an alte Wunden zu rühren und seine Tränen fließen zu lassen, dann macht es eine wichtige Erfahrung. Ich versuche nicht, diesen Vorgang abzukürzen, weil es peinlich ist zuzusehen. Ebenso wichtig ist es für die übrigen Gruppenmitglieder zu lernen, daß sie andere in ihrer Furcht oder ihrem Kummer trösten können, deshalb gebe ich ihnen dazu Gelegenheit. Wenn ich jedoch das Gefühl habe, daß ein weinendes Mitglied in besonderem Maße leidet, dann tröste ich es entweder selbst oder ermuntere mehrere Gruppenmitglieder, die/den Betreffende/n in die Arme zu nehmen. Es zählt zu meinen wichtigsten Erfahrungen als Mitglied einer Gruppe, als ich begriff, daß ich sehr zornig werden kann, ohne überzuschnappen, und als ich bei der Erinnerung an längst Vergangenes wie den Tod meiner Mutter haltlos weinte, Dinge, von denen ich geglaubt hatte, sie seien längst bewältigt. Ich möchte anderen ähnliche Gelegenheiten nicht vorenthalten.

Langeweile stellt ein spezielles Problem in der Gruppe dar. Ich kann nicht sagen, daß ich mich nie langweile, aber für mich ist die Erfahrung anders. Wenn jemand besonders hartnäckigen Widerstand leistet, dann beginnen sich viele Gruppenmitglieder zu langweilen und schalten ab. Wenn ich angestrengt mit jemandem arbeite, der Widerstand leistet, dann neige ich viel eher dazu, wütend zu werden. Dadurch kann es geschehen, daß ich in diesem Augenblick den Kontakt mit dem Rest der Gruppe verliere.

Ich habe auch eine andere Vorstellung von Langeweile. Aus gestalt-therapeutischer Sicht ist Langeweile ein Signal: die gelangweilte Person verbirgt eine andere Emotion. Sie möchte, daß etwas anderes passiert, ist aber nicht bereit, die Verantwortung dafür zu übernehmen. Das typische Beispiel ist, wenn ich mit jemandem spreche und mich dabei langweile. Wenn ich meine Langeweile untersuche, entdecke ich, daß ich den »Langweiler« am liebsten auffordern würde, den Mund zu halten, oder daß ich davonlaufen und ihm entkommen möchte. Aber meine guten Manieren zwingen mich, dazubleiben und die Situation zu erdulden. Die Langeweile eines Menschen ist eine wichtige Information, eine Gelegenheit für ihn zu lernen, daß er etwas anders haben möchte. Wenn ich mit jemandem arbeite, der Widerstand leistet, dann bin ich so engagiert, einen Weg zu finden, um ihn loszueisen, daß ich oft wenig Zeit habe, um mich zu langweilen. Dies ist jedoch nicht die Erfahrung der übrigen Gruppenmitglieder. Sie nehmen sich das Recht, ihre Langeweile zu äußern oder die Konsequenzen zu tragen. Wenn sie zu höflich sind, um zu sagen, ich langweile mich oder du langweilst mich, dann müssen sie damit rechnen, sich weiterhin zu langweilen. Wenn es um etwas Wichtigeres als ihre Langeweile geht, dann werden wir uns damit befassen. Aber wenn jemand bloß als Sicherheitsmaßnahme andere langweilt, um zu verhindern, daß etwas vorangeht, können wir uns entweder einigen aufzuhören oder wir können die Technik der Langeweile untersuchen, mit der sich das betreffende Mitglied Leute vom Leibe hält.

Wenn jemand absichtlich versucht, mich zu langweilen, um zu verhindern, daß sich etwas Lebendiges entwickelt, dann fällt es mir schwer, nicht brüsk und kurz angebunden zu reagieren. Ich bin davon durchdrungen, daß sich die Teilnehmer/innen auf einen Versuch einlassen sollten, da es doch unser Ziel ist, therapeutisch voranzukommen. Später kann ich mir klarmachen, daß es für jemanden gelegentlich wichtiger sein kann, sich gegen die Therapie zu sträuben und zu sagen: »Nein danke, ich will keine.« Dies kann ein wertvolles Mittel für einen Menschen sein, um sich zu überzeugen, daß er über sein eigenes Leben bestimmen kann; er kann Therapie zulassen oder nicht: er kann sich gegen Therapie verschließen oder sich dafür öffnen. Niemand unterdrückt ihn, niemand zwingt ihn, etwas zu tun, was er nicht tun will. Mit anderen Worten, er ist für sein Leben selbst verantwortlich.

Was habe ich der Gruppe sonst noch zu bieten? Ich spiele die Rolle des weisen Alten, des Orakels vom Dienst, des großen Zampano. Wenn die Gruppe nicht mehr weiterweiß, kann sie sich an mich wenden und schauen, was mir einfällt.

Wie ich bereits bemerkte, ist es mir lieber, wenn die Mitglieder die Initiative ergreifen und die Gruppe selbst leiten. Aber da ich mehr Erfahrung mit Gruppen habe (ich muß inzwischen mehr als 6.000 Stunden in Gruppen zugebracht haben), sowohl als Therapeut wie auch als Gruppenmitglied, und da ich in Gestalt-Therapie ausgebildet bin und darüber hinaus älter als 90 Prozent der Gruppenmitglieder, und da sie gerade mich als ihren Gruppentherapeuten gewählt haben, ist zu vermuten, daß ich im Nu etwas aus dem Ärmel schütteln werde, um die Show in Gang zu halten. *Show* ist in diesem Zusammenhang ein gutes Wort, denn eine lebendige Gruppensitzung ist voll Dramatik. Was mich mit unerschöpflichem Staunen, Stolz und Befriedigung erfüllt, ist, daß von den mehr als 6.000 Stunden, die ich in Gruppen zugebracht habe, keine der anderen geglichen hat. Nicht nur ändern sich die Gruppenmitglieder, nicht nur ändere ich mich in dem Maße, wie ich als Therapeut dazulerne (oder abbaue), sondern sogar das gleiche Experiment ist anders, wenn es in einer anderen Gruppe oder von einem anderen Mitglied gemacht wird.

Wie ich bereits bemerkte, vermeide ich es, Experimente zu wiederholen, aber gewisse Elemente bleiben sich doch gleich. Ich bin nicht so originell, daß ich in jeder Sitzung ein völlig neues System erfinden kann. So benutze ich zu Beginn der Arbeit mit einem Widerstand leistenden Mitglied bestimmte Formen der Einleitung. Das mag manchmal ermüdend erscheinen, aber ich betrachte es wie jede andere nötige Vorbereitung: ein Dramatiker muß seine Figuren auf die Bühne bringen und dem Publikum vermitteln, wo sie sich befinden und in welcher Beziehung sie zueinander stehen, gleichgültig, wie es dann weitergehen wird; eine Köchin muß den Tisch decken, egal, was es zu essen gibt. Und obwohl ich die Notwendigkeit dieser Einleitung bedauere, lernen manche Gruppenmitglieder diese Technik und treten an meine Stelle. Sie tun dies nicht bloß mir zuliebe, obwohl ich dankbar bin, einem Mitglied nicht über seinen anfänglichen Widerstand hinweghelfen zu müssen, sondern um Übung darin zu bekommen, mit sich selbst zu arbeiten. Sie lernen die ersten leichten Phasen des Widerstands kennen und was man dagegen tun kann, wie man sie umgehen kann, um fähig zu sein, allein an sich zu arbeiten.

Und schließlich beende ich die Gruppe. Besser gesagt, ich beende die offizielle Therapiesitzung. Als ich jünger war und über die nötige Energie verfügte, als ich erst eine vage Ahnung meiner Grenzen hatte, arbeitete ich oft drei, vier, fünf Stunden mit einer Gruppe, und die Teilnehmer blieben da, erregt, müde, erschöpft. Viele beklagten sich, daß wir so lange arbeiteten und mit einer solchen Intensität, daß sie zu erregt seien, um in der folgenden Nacht schlafen zu können. Deshalb beende ich die Sitzung. Wie ich im vorigen Kapitel erklärte, braucht die Gruppe damit nicht zu enden, nur die Therapiesitzung.

2. Das Gruppenmitglied, das arbeitet

Es gibt keine formelle Vereinbarung, wonach nur eine Person arbeitet, und keine zeitliche Begrenzung der Arbeit. An manchen Abenden, wenn die Gruppenmitglieder offen und entspannt sind, haben in einer einzigen Sitzung bis zu acht Personen gearbeitet. Der Brennpunkt des Interesses verlagert sich rasch von einem Mitglied auf das andere. Manchmal arbeiten zwei Mitglieder, oder eine Teilnehmerin beginnt zu arbeiten und eine zweite mischt sich ein, vermeintlich, um ihr zu helfen oder sie zu behindern, und die Aufmerksamkeit verschiebt sich auf das zweite Mitglied. Aber in der Regel ist es so, daß ein Mitglied ein Problem präsentiert, an dem es arbeiten möchte, und daß die Gruppe und ich darauf eingehen.

Wenn die (oder der) Betreffende aufrichtig bemüht ist, zu arbeiten, dann verspürt sie eine ziemliche Erregung und Angst. Sie hat die volle Aufmerksamkeit von einem Dutzend Menschen, die alle entschlossen sind, ihr in irgendeiner Weise zu helfen. Ist ihre Absicht zu arbeiten dagegen nicht aufrichtig, dann wird sie wahrscheinlich keine Aufregung und Angst verspüren. Vielmehr wird sie versuchen, die Gruppe zu beherrschen oder zu manipulieren, damit sie nachher behaupten kann, sie habe etwas für sich zu tun versucht, aber leider erleben müssen, daß es nicht möglich sei. Wenn dies geschieht, merkt die Gruppe das früher oder später und äußert beträchtlichen Ärger. Warum hast du unsere Zeit verschwendet? Wenn du nicht arbeiten wolltest, warum hast du dich dann nicht begnügt, einfach dazusitzen? Ich wollte arbeiten, und jetzt bleibt uns keine Zeit mehr. Aber trotz der Verärgerung der Gruppe ist es dennoch wichtig, daß Mitglieder auf diese Weise Widerstand leisten. Tatsächlich bietet die Gruppe dem Mitglied, das dazu neigt, Menschen durch passive Provokation von sich zu stoßen, sich durch Manipulationen die Herrschaft zu verschaffen, nur um sie dann wieder zu verlieren und sich schuldig und beschämt zu fühlen, eine Gelegenheit, diese Situation in einem geschützten Raum herbeizuführen und sie dann intensiv zu erleben.

Wenn ein Mitglied arbeiten möchte und sich aufgeregt und ängstlich fühlt, dann fällt es ihm in der Regel auch schwer, sich zu konzentrieren. Ein Problem der Arbeit ist, daß die/der Betreffende riskiert, überflutet zu werden. Zuviel Erregung ist etwas, womit nicht viele von uns gewohnt sind umzugehen. In solchen Fällen besteht die Tendenz, einfach abzuschalten; oder zum Werkzeug der Gruppe zu werden und passiv allem zuzustimmen, was einem angeboten wird; oder verwirrt zu werden und nicht mehr genau zu wissen, was geschieht; oder feindselig zu werden, um alles weitere abzublocken. Auch in dieser Hinsicht bedarf es also der Zusammenarbeit zwischen mir selbst, der Gruppe und dem Mitglied, das arbeitet. Wir, die Gruppe und ich, müssen die Untersuchung vorantreiben, um Fortschritte zu machen. Gleichzeitig muß ich darauf achten, ob die Betreffende imstande ist, in sinnvoller Weise weiterzumachen. Wenn ich zu der Überzeugung gelange, sie brauche Ruhe, eine Atempause, dann zögere ich nicht, zu unterbrechen und die Vorgänge zu bremsen. Aber auch so wird es schwierig für das arbeitende Mitglied, einen guten Kontakt mit sich selbst aufrechtzuerhalten, sobald die Erregung einen gewissen Grad erreicht hat. Dies ist eines der vielen Anzeichen der enormen Wirksamkeit einer Gruppe. Ich erwarte nicht, daß ein Mitglied alles absorbieren kann, was an einem Abend stattgefunden hat. Auch nicht am nächsten Tag. Oder in der nächsten Woche. Manchmal geht das, was in einer Gruppe geschieht, dem arbeitenden Mitglied so nahe, daß es die nächsten Tage oder gar Wochen damit zubringt, es zu verarbeiten, es durchzukauen und zu einem Teil seiner selbst zu machen, mit dem es leben kann. Manchmal dauert dieser Prozeß der Assimilation viel länger. Vor kurzem erhielt ich einen Brief von einem ehemaligen Teilnehmer, in dem er mir mitteilte, daß er immer noch damit beschäftigt sei, seine mehrere Jahre zurückliegende Gruppenerfahrungen zu verdauen.

Eine Art informelle Regel hat sich eingebürgert in bezug auf das arbeitende Mitglied, eine Gepflogenheit, ein Brauch. Wer ehrlich arbeitet, der exponiert sich; sie/er versucht, offen zu sein, sich zu enthüllen; aufzunehmen, was angeboten wird; für Experimente, Interpretationen und Beobachtungen aufgeschlossen zu sein. Sie wird in diesem Augenblick zur Heldin, die sich sowohl ihren eigenen Dämonen als auch dem Dämon der Gruppe gestellt hat. Aus diesem Grund zollen ihr die anderen Gruppenmitglieder Achtung, und manche Mitglieder erwerben sich einen Ruf hinsichtlich ihrer Fähigkeit, in der Gruppe zu arbeiten. Neue Mitglieder sind besonders beeindruckt von der Fähigkeit der Erfahrenen, der Profis, sich in der Gruppe zu öffnen. Ein Teil der Motivation, all die Aufregung und Angst zu riskieren, die mit der Arbeit in der Gruppe verbunden ist, hängt mit einem anderen Brauch zusammen. Die Gruppe kommt zu der Überzeugung, daß jedes Mitglied drankommen sollte, daß sich alle der Arbeit unterziehen sollten. Ich in meiner olympischen Art vertrete die Auffassung, daß jede Person die freie Wahl hat zu arbeiten oder nicht, wie es ihr beliebt, daß sie an der

Gruppe auch teilnehmen kann, ohne zu arbeiten, falls ihr das zu große Angst macht oder sie es aus einem anderen Grund aufschiebt. Ich habe damit keine Schwierigkeiten, aber in der Gruppe herrscht eine andere Sichtweise. Wir sind alle hier, um weiterzukommen, und wenn wir bereit sind, ins kalte Wasser zu springen, dann mußt du es auch tun, wenn du zu uns gehören willst. Trotz des scheinbar so großen Einfühlungsvermögens der Gruppe in andere hält sie also gleichzeitig an einer primitiven Ethik fest, die weniger sensibel ist. Außer in speziellen Fällen, wenn sich jemand wirklich so sehr davor fürchtet zu arbeiten, daß ich es für angebracht halte, zu intervenieren und ihn vor dem zu schützen, womit er in einem bestimmten Stadium noch nicht zurechtkommt, vermeide ich es offengestanden, mich mit diesem Brauch auseinanderzusetzen. Dies ist ein Fall, in dem ich meistens, aber nicht immer bereit bin, die Autorität der Gruppe zu akzeptieren, selbst einen Weg zu finden, auch wenn ich mir dadurch vielleicht nicht den Respekt der Bürgerrechtsbewegung erwerbe.

In gewisser Weise macht die Person, die in der Gruppe arbeitet, eine intensivere Erfahrung als in der Einzeltherapie. Sie hat mehr Zeit für sich, manchmal bis zu zwei oder drei Stunden, und bekommt viel mehr Aufmerksamkeit von einem Dutzend anderer. Sie erlebt oft eine Art von emotionalem Blutbad, Weinen, Schreien, Depression, Hilflosigkeit und ein Gefühl der Macht. Am Schluß der Arbeit findet eine Art von Katharsis statt, die die Betreffende fast immer als angenehm erlebt. Sie fühlt sich erschöpft und gereinigt, sie hat ihr Innerstes nach außen gekehrt. Sie ist erhitzt und strahlt. Nicht selten fallen mir enorme Veränderungen im Aussehen eines Mitglieds auf, nachdem es gearbeitet hat. Sein Gesicht ist ruhiger, sein Körper wirkt viel entspannter, seine Atmung ist besser und seine Haltung aufrechter.

Ich möchte klarmachen, daß diese augenblicklichen Fortschritte, so erfreulich sie wirken, gewöhnlich kurzlebig sind. Eine der Gefahren der neueren Therapien ist, daß sie Menschen zu stimulieren vermögen, und oft sind Therapeut/in und Patient/in überzeugt, daß diese kurzfristigen Wirkungen mit Therapie gleichzusetzen seien. Fritz Perls hegte besondere Verachtung gegenüber Therapeuten, die er als »Antörner« bezeichnete und die die Patienten zwar anregen, ihnen aber sonst wenig zu bieten haben. Es ist deshalb wichtig, sich bewußtzumachen, daß von dem Gruppenmitglied nach der Arbeit oder vielleicht auch schon während dieser ein wundervolles Leuchten ausgehen mag, aber daß diese Woge guter Gefühle nicht dasselbe ist wie die Fähigkeit, Woche für Woche mit schwierigem Material zu arbeiten, das nunmehr aufgedeckt ist und bewältigt werden sollte. Bei einem Wochenend-Workshop wird nicht nachbearbeitet, was mit den Teilnehmern geschieht, und niemand hilft ihnen, das zu integrieren, was in der Gruppe passiert ist, aber am Ende der Sitzung noch nicht abgeschlossen war. Aus diesem Grund bevorzuge ich die Kontinuität wöchentlicher Sitzungen, selbst wenn sie nicht so dramatisch sind wie ein Wanderzirkus, wie einer der Antörner seine therapeutische Menagerie bezeichnete. Es würde mich äußerst unzufrieden machen, das ganze Ereignis versacken zu lassen, weil es schließlich bloß ein Wochenend-Workshop war, und wenn es dir was gebracht hat, dann ist es gut und damit basta.

Ich habe immer wieder erklärt, daß die Gruppenerfahrung sehr aufregend und dramatisch sein kann. Ich möchte diese Behauptung durch ein paar Momentaufnahmen illustrieren:

Ein Mann sagt, er fühle sich schwach, ohnmächtig. Er könne niemanden beeinflussen. Ich fordere ihn auf, mich hochzuheben. Er fürchtet, das könne er nicht. Ich versichere ihn meines Vertrauens, und er tut es zaghaft. Ich weise ihn darauf hin, daß er sich davor fürchte, seine eigene Kraft kennenzulernen, und schlage ihm vor, mich nochmals hochzuheben und im Raum herumzutragen. Er tut es mit Begeisterung. Dieses Erlebnis macht uns beiden Spaß. Er wird sehr aufgeregt.

Ein Mann führt ein zurückgezogenes Leben, das arm an sozialen Kontakten ist. Er hat Witz, ein gutes Einkommen, ist gesund, aber über fünfzig Jahre alt und homosexuell. Ich fordere ihn auf, zu jedem einzelnen Gruppenmitglied hinzugehen und ihm in aller Aufrichtigkeit mitzuteilen, daß er alt, einsam und schwul sei. Jedes Mitglied hat das Recht, von ihm zu verlangen, daß er diesen Satz wiederholt, falls es die Aufrichtigkeit seiner Aussage nicht spürt. Ich bitte ihn dreimal, den Satz zu wiederholen, und er bricht in Tränen aus. (In der nächsten Woche beginnt er, seine Erfahrungen zu erweitern, und fühlt sich toll dabei. Sechs Monate später führt er ein gesellschaftlich aktives Leben, und auch sein Sexualleben fängt an, befriedigender zu werden.)

Ähnliche Umstände. Ein Mann schämt sich, Mexikaner zu sein. Ich fordere ihn auf, zu allen Gruppenmitgliedern hinzugehen, die ihn fragen sollen:

»Wer bist du?« Er antwortet: »Ich bin Luis, und ich bin Mexikaner.« Luis fühlt sich durch die Erfahrung geschmeichelt, aber es folgt kein Happy End. Später verbringt er ein Jahr in Schottland, und so wie er früher den Leuten erzählte, er sei Spanier, so kultiviert er jetzt einen englischen Akzent. Aber wir bemühten uns.

Eine frisch geschiedene Frau fürchtet sich davor, neue Männer kennenzulernen. Sie könnten sie mißbilligen. Sie sei nicht mehr attraktiv. Wir improvisieren eine Party. Sie setzt sich neben den Teilnehmer, den sie am attraktivsten findet, und wir sehen zu, was sich entwickelt. Später bitten wir die Partner, ihre Rollen zu tauschen, und sie spielt den attraktiven Mann und er spielt sie. Die Situation ist sehr schmerzhaft für sie (später lernt sie, auf Männer zuzugehen, und jetzt ist sie bereit, an ihren eigenen Schwierigkeiten zu arbeiten, sie zu halten).

Eine Frau spricht von ihrer Angst, ihre Stelle in einer Werbeagentur zu verlieren. Sie muß ihre Kreativität einsetzen, um im Fernsehen für Klopapier zu werben. Sie ist im Begriff, Magengeschwüre zu bekommen, an denen sie bereits in der Vergangenheit gelitten hat. Eine neue Werbekampagne soll gestartet werden, und sie muß eine Anzeige aus dem Ärmel schütteln. Die Gruppe interveniert und bietet ihr Rückmeldungen über Werbung und deren Stellenwert in der Welt. Unsere Freundin hatte geglaubt, erfolgreich sein zu müssen, und hatte eine unkritische Haltung zur Werbung eingenommen. Dank der Gruppe beginnt sie, die von ihr gewählte Karriere aus einer anderen Perspektive zu sehen, sie fängt an, sich in ihrer Agentur anders zu verhalten, und ihre Magenbeschwerden beginnen nachzulassen.

Ein junger Mann fühlt sich tot. Er kann die Dinge nur verstandesmäßig erfassen. Wir fordern ihn auf, sich totzustellen. Wir bahren ihn auf. Wir inszenieren ein Begräbnis. Er soll seine eigene Grabrede sprechen. Er erlebt intensiv seinen eigenen Tod!

Ein Drogensüchtiger nimmt Tabletten, um seine intensiven Gefühle zu betäuben. Er hat Angst, wahnsinnig zu werden, wenn er seine Gefühle äußere. Wir fordern ihn auf, wahnsinnig zu werden. Er läßt sich darauf ein, schreit, brüllt, stampft mit den Füßen, steigert sich in Wut, in einen richtigen Tobsuchtsanfall hinein. Dann beruhigt er sich wieder. Er ist nicht wahnsinnig und nicht in Gefahr, wahnsinnig zu werden. Falls er immer noch Tabletten nimmt, dann aus anderen Gründen, mit denen wir uns ein ander Mal befassen können.

Ein Mann und seine Frau sind in der gleichen Gruppe. Sie erwägen eine Trennung. Beide haben sexuelle Beziehungen zu anderen Partnern. Aber sie sind sehr höflich zueinander. Sie streiten nie. Ich schlage ihnen vor, jetzt, in der Gruppe, zu streiten. Es fällt ihnen zunächst sehr schwer, aber sie finden schließlich einen Einstieg. Dann legen sie richtig los. Es wird ihnen bewußt, daß sie einander viele Gefühle vorenthalten haben und daß ihre Suche nach anderen Sexualpartnern vielleicht ein Mittel ist, um ihren Ärger auf indirekte Weise auszudrücken.

Eine junge Frau ist frisch geschieden, aber sie kann sich nicht an den Gedanken gewöhnen, daß ihr bei der Scheidung das Haus zugesprochen wurde. Sie behauptet, nichts sehnlicher zu wünschen, als ihren Mann loszusein, der in ihrem Haus herumspuke. Ich fordere sie auf, uns all die Gründe zu nennen, warum sie von ihm heimgesucht werden will. Sie sprudelt einen ganzen Schwall von Gründen hervor, die erkennen lassen, daß sie ihre Scheidung noch nicht verarbeitet hat, daß sie sich noch mit vielem auseinandersetzen muß, bevor sie von ihrem eigenen Leben Besitz ergreifen kann.

Eine attraktive junge Frau hat ihre eigenen sexuellen Gefühle vor sich selbst und ihrem Mann verborgen. Ich schlage ihr vor, nicht zu warten, bis sie von den Männern in der Gruppe umworben wird, sondern zu jedem einzelnen hinzugehen und sich verführerisch zu benehmen. Anfangs ist sie sehr verlegen und schämt sich, aber nach und nach beginnt es ihr zu gefallen, und sie fühlt sich zum Vergnügen der Männer in der Gruppe zunehmend freier.

Ein Mann mittleren Alters ist einsam und unglücklich, und gleichzeitig ist er mißtrauisch und lehnt jede Hilfe ab. Die Gruppenmitglieder bieten ihm Interesse, Anteilnahme und Unterstützung an, aber er ignoriert sie. Ich fordere jedes Gruppenmitglied auf, ihm etwas zu offerieren, das ihm besonders reizvoll erscheint, aber er soll das Geschenk ablehnen. Durch diese bewußte Konzentration auf seine Ablehnung beginnt er besser zu begreifen, wie er einsam geworden ist, wie er sich den anderen verweigert.

Eine junge Frau leidet an Migräne. Sie hat diese Beschwerden seit ihrem sechsten Lebensjahr, und ihre Mutter hatte sie ebenfalls. Sie glaubt, diese seien vorwiegend neurologisch bedingt und vererbt. In einer Gruppensitzung hat sie einen Migräneanfall. Ich fordere sie heraus und erkläre ihr, ich würde ihre Kopfschmerzen beseitigen. Ich provoziere sie, wütend auf mich zu werden. Sie gerät auch tatsächlich in Wut, und in kurzer Zeit ist ihre Migräne verschwunden!

Ein junger Mann hat seine Eltern seit fünf Jahren nicht mehr gesehen. Als sie ihn zum letzten Mal sahen, hatte er schulterlanges Haar und einen Bart und er nahm Drogen. Jetzt wirkt er gepflegt und raucht nur Grass, aber sie wissen nichts von seiner Veränderung und sind immer noch entfremdet. Er weint, weil Weihnachten vor der Tür steht und er einsam ist, aber er fühlt sich in seiner Familie unerwünscht. Ich schlage ihm vor, einen Anruf zu Hause und ein Gespräch mit seinem Vater zu spielen. Er zögert zunächst, stellt aber dann fest, daß sein »Vater« entgegenkommender ist, als er befürchtet hatte. Nach der Gruppe ruft er an diesem Abend tatsächlich seinen Vater an. Sein Vater reagiert sehr freundlich und schickt ihm das Geld für den Flug nach Hause an die Westküste. Er strahlt vor Glück.

Ein junger Mann hat Jahre in Therapie verbracht und darum gerungen, seine Erziehung zu Sauberkeit, Ordnung und Höflichkeit zu überwinden, denn er hat seine Lektionen nur zu gut gelernt. In der Gruppe ermuntere ich ihn, sich ungezogen zu verhalten und etwas kaputtzumachen. Er wählt ein altes viktorianisches Kissen und zerfetzt es mit großer Begeisterung. Im ganzen Raum fliegen die Federn herum und schneien auf uns herunter. Er ist hingerissen und fortan bereiter, seinen Impulsen nachzugeben.

Eine junge Frau hatte als Halbwüchsige ein Kind bekommen und den größten Teil ihres Erwachsenenlebens mit dem Versuch zugebracht, eine Mutter zu sein und gleichzeitig ihr eigenes Leben zu leben. Jetzt ist sie von ihrem gegenwärtigen Freund schwanger und fragt sich, ob sie das Kind zur Welt bringen soll. Sie erklärt entschieden, keines zu wollen. Ich schlage ihr vor, die Argumente sowohl für sie als auch gegen eine Abtreibung vorzubringen. Sie entdeckt, daß sie sehr starke Gefühle in bezug auf einen neuen Kinderwunsch hat. Sie weint und weint und wird von anderen Frauen in der Gruppe getröstet, verheirateten und unverheirateten, die ihr (und uns) von ihren eigenen Erfahrungen mit Abtreibungen erzählen. Sie ist noch zu keiner Entscheidung gekommen, aber sie fühlt sich besser, wie auch immer ihr Entschluß schließlich ausfallen wird.

Zwei Mitglieder der Gruppe sind über einander verärgert. Beiden fällt es schwer, Ärger auszudrücken. Beide sind musikalisch. Ich fordere sie auf, eine Opernarie zu improvisieren und einander ihre Gefühle vorzusingen. Beide nehmen diese Herausforderung an. Sie singen nicht nur schön, sondern schaffen es auch, einander auf diese Weise die Gründe ihrer Verstimmung mitzuteilen.

Eine junge Lesbierin hat vor ihrer wohlanständigen Familie in New England die Flucht ergriffen. Sie fürchtet ihre Mißbilligung, insbesondere der Mitglieder des *Ladies' Garden Club,* die mit ihrer Mutter befreundet sind. Sie behauptet, diese Damen zu verabscheuen. Ich schlage ihr vor, eine der Damen des *Garden Club,* die sie am meisten haßt, zu spielen und mit ihr ein Gespräch zu führen. Sie stellt fest, daß die Frau gar kein solches Ungeheuer ist und daß sie keine so große Angst mehr vor ihr hat.

Eine junge Italienerin ist puritanisch erzogen worden. Man hat ihr beigebracht, daß Männer etwas Besseres seien und Frauen ihnen zu dienen hätten. Doch sie ist voll Groll über diese Sichtweise. Es fällt ihr schwer, mit Männern zusammenzuarbeiten. Ich fordere sie auf, die radikalste Emanze zu spielen und sich mit ihrem gegenwärtigen Chef auseinanderzusetzen, von dem sie sich gedemütigt fühlt. Sie hält flammende Reden und berichtet in der folgenden Woche, daß sie sich bei der Arbeit sicherer fühle und mit ihrem Chef besser umgehen könne.

Die Mutter eines Mannes mittleren Alters liegt im Sterben. Er gibt an, keine Gefühle ihr gegenüber zu verspüren, außer dem Wunsch, ihr kleines Vermögen zu erben. Die Mütter aller übrigen Gruppenmitglieder leben noch. Ich fordere alle auf, sich den Tod ihrer eigenen Mutter vorzustellen. Manche Gruppenmitglieder beginnen dabei zu weinen. Mit einer Ausnahme erkennen alle, wie gefühlsbeladen ein solches Ereignis wäre. Der ältere Mann ist bereit, sich einzugestehen, daß er vielleicht Gefühle habe, von denen er bisher nichts wissen wollte. Später, nach ihrem Tod, berichtet er trotzig, er empfinde noch nichts weiter, als daß eine Last von ihm genommen sei. Er setzt hinzu, am meisten habe er empfunden, als er den Beileidsbrief einer Freundin seiner Mutter erhielt. Ich ersuche ihn, uns zu berichten, was in dem Brief stand. Er zitiert den Inhalt, so gut er kann, und beginnt, sich der Trauer bewußt zu werden, die er verdrängt hatte. Er bricht in Tränen aus, und die Gruppe tröstet ihn.

Eine junge Frau ist umringt von Tod — ihr Bruder, ihre Schwester, Ihr Vater. Nun hat ein Mitglied ihres Skiclubs bei einer Abfahrt den Tod gefunden. Sie kommt in die Gruppe und sagt nichts. Ich bemerke ihr verstörtes Gesicht und frage sie, was los ist. Sie erzählt uns von diesem neuerlichen Todesfall und bricht schluchzend zusammen. Die Frauen der Gruppe wiegen sie wie einen Säugling, umarmen und schaukeln sie. Sie bettet ihren Kopf auf den Busen der üppigsten Frau und fühlt sich getröstet.

Ein Mann mittleren Alters ist einsam und unfähig, soziale oder sexuelle Kontakte aufzunehmen. An der Oberfläche scheint sein Leben höchst erfolgreich: ein gutgehendes Geschäft, Ansehen, Einladungen von all den richtigen Leuten zu all den richtigen Gesellschaften. Ich ersuche ihn, einen Blues Song für sich zu improvisieren und uns vorzusingen. Er produziert im Handumdrehen ein rührendes Couplet, das sein leeres und einsames Leben schildert. Im Laufe der Woche singt er sich Teile davon vor und lädt zum ersten Mal einen Freund zum Abendessen ein.

Nicht alle Experimente sind erfolgreich, aber wie bei jedem echten Experiment ist es möglich, etwas daraus zu lernen. Wir sind auch noch nicht am Ziel, wenn die Experimente einem Menschen geholfen haben, einen ersten Schritt zu machen. Der tote Punkt ist überwunden, die starre Position, die sein Wachstum verhinderte, ist aufgegeben. Jetzt können wir den nächsten Schritt tun und dann den übernächsten. Die wertvolle Gelegenheit, die die Gruppe dem arbeitenden Mitglied bietet, ist die Chance, sich die Bereiche vorzunehmen, die ihm die größten Schwierigkeiten machen, und in einer geschützten, sicheren Atmosphäre Risiken einzugehen und zu schauen, was passiert. Bei all den oben genannten Experimenten hätte ich nicht voraussagen können, was geschehen würde, vorausgesetzt, daß sich die Betreffenden bereiterklären, das Experiment ehrlich auszuführen. Natürlich hatte ich gewisse Vorstellungen, und davon ausgehend schlug ich jedes dieser Experimente vor, aber was ich nicht vorausgesehen hatte, war oft mindestens ebenso wichtig wie das, was ich erwartet hatte.

3. Die anderen Mitglieder

Es liegt auf der Hand, daß die Person, die in der Gruppe arbeitet, die Chance hat, am meisten zu profitieren. Aber auch die übrigen Gruppenmitglieder beteiligen sich an den Vorgängen und ziehen auf verschiedenste Weise Nutzen daraus. Beispielsweise haben viele Mitglieder große Angst vor den Experimenten, vor der Aussicht, sich offen vor die Gruppe hinzustellen und womöglich Blößen zu geben. Wenn sie andere Mitglieder arbeiten sehen, fassen sie oft Mut, ihre eigenen Schwierigkeiten anzupacken. Wenn ein Mitglied arbeitet, nicken die anderen häufig in einer speziellen Weise, die auf ihre Identifizierung mit den angesprochenen Schwierigkeiten hinweist. Manchmal suche ich Blickkontakt mit Gruppenmitgliedern, deren Situation besondere Ähnlichkeit mit derjenigen hat, um die es gerade geht, und erhalte die Antwort, daß sich die Betroffenen nur zu deutlich bewußt sind, wie relevant das Geschehen für ihr eigenes Leben ist.

Die Atmosphäre in der Gruppe ist nicht immer so geladen mit intensiven Gefühlen. Manchmal lachen und scherzen wir alle, und es herrscht eine spielerische Stimmung. Dann haben die Gruppenmitglieder Gelegenheit zu lernen, daß das Leben trotz all ihrer Schwierigkeiten nicht so düster zu sein braucht. Manche Gruppenmitglieder glauben, ihre Neurose berechtige sie, sich ständig zu bemitleiden und niedergeschlagen zu sein. Die gelegentlich herrschende heitere Party-Atmosphäre der Gruppe dient als gesundes Gegenmittel gegen die allzu ernste Aufmerksamkeit, die wir dem Leiden schenken.

Wenn es bei einem Experiment um ein Rollenspiel geht, ersuche ich das arbeitende Mitglied, eine Teilnehmerin auszuwählen, die seine Frau, Mutter oder Freundin spielen soll. Die gewählte Person hat dann Gelegenheit, nicht nur Hilfestellung zu leisten, sondern auch ihre eigenen Gefühle zu erkunden, wenn sie einen Menschen anderen Alters oder Geschlechts spielt oder sich in eine andere Beziehung hineinversetzt.

Manche Mitglieder der Gruppe lehnen es ab, sich zu beteiligen. Sie erscheinen zwar zu den Gruppensitzungen, bringen sich aber selbst nicht ein. Sie melden sich niemals freiwillig zur Arbeit; sie arbeiten nur, wenn man sie stark unter Druck setzt und auch dann nur minimal, so daß ich sie schließlich in Ruhe lasse. Sie haben den anderen Mitgliedern der Gruppe, die gerade arbeiten, fast nichts zu bieten. Diese schweigenden Teilnehmer ziehen offensichtlich starke Aggressionen seitens der übrigen Gruppenmitglieder auf sich, die sie als Schmarotzer und Trittbrettfahrer empfinden. Oft werden sie von anderen Mitgliedern aufgefordert, aus der Gruppe auszuscheiden. Meine eigene Erfahrung ist, daß diese Personen, die, wie man sich denken kann, heftige negative Gefühle haben und auch von starkem Trotz erfüllt sind, aus der Gruppe dennoch eine Menge mitnehmen. Sie geben der Gruppe nicht viel, aber zumindest können sie begreifen lernen, wie geizig sie sind, und wie sich das auf andere auswirkt. Im Laufe der Zeit, vielleicht von Jahren, schmelzen und verändern sich diese schweigsamen Gruppenmitglieder nach und nach. Aber das bedeutet nicht, daß sie bereit sind, die anderen Mitglieder der Gruppe an dieser Veränderung teilhaben zu lassen. Diese Information, die ich auf verschiedenen Wegen erhalte, wird vor den anderen Teilnehmern sorgfältig verborgen gehalten. Obwohl es diesen schweigsamen Mitgliedern oft gelingt, mit ihrem Leben in befriedigenderer Weise umzugehen, bleibt ihre Beziehung zur Gruppe ungelöst, und auch nach ihrem Ausscheiden behalten sie ihre geheimniskrämerische, geizige Art des Umgangs mit anderen bei.

Teilnehmer, die sich einbringen, haben Gelegenheit, eine breite Skala von guten und schlechten Gefühlen in einer verständnisvollen Atmosphäre zu äußern, und oft entwickeln sich warme, zärtliche Gefühle. Manche dieser Gefühle führen zu echten Freundschaften, die noch lange nach dem Ausscheiden der Mitglieder aus der Gruppe andauern. Es ist auch schon zu Eheschließungen zwischen Teilnehmern gekommen, wenn auch bisher noch nicht in meinen eigenen Gruppen. Aber wer weiß, gerade diese Woche sind zwei ehemalige Gruppenmitglieder zusammen ins Wochenende gefahren und zwei gegenwärtige Mitglieder haben die Eltern des jeweils anderen besucht. Vielleicht geht da meine eigene Phantasie mit mir durch.

8. Der Wert von Gruppen- und Einzeltherapie

Viele Leute fragen sich, ob es nicht genüge, sich einer Einzeltherapie zu unterziehen. Welchen Nutzen hat die Gruppentherapie? Inwiefern unterscheidet sie sich von der Einzeltherapie? Ist es nicht dasselbe in größerem Rahmen, nur peinlicher vor all diesen Fremden? Für mich sind Gruppen- und Einzeltherapie nicht zwei gegensätzliche Therapieformen, sonder sie bilden, wenn sie integriert werden, ein Behandlungskontinuum und sie helfen dem Einzelnen in unterschiedlichster Weise, zu wachsen und sich zu entfalten.

Wir können zunächst die Ähnlichkeiten zwischen Gruppen- und Einzeltherapie herausarbeiten und vor diesem Hintergrund dann auf die Unterschiede eingehen. Ich möchte darauf hinweisen, daß meine eigene bevorzugte Arbeitsmethode darin besteht, den Klienten zuerst in Einzeltherapie zu nehmen und ihn, nachdem wir ein Gefühl für einander entwickelt haben, einzuladen, sich einer Gruppe anzuschließen. Man beachte das Wort *einladen.*

Die meisten Menschen, die in Therapie kommen, haben Schwierigkeiten in ihrem Verhältnis zu anderen. Oft meiden sie andere, sowohl Einzelne als auch Gruppen. Wenn sie zu dem Risiko bereit sind, eine Therapie zu beginnen, nun, dann können sie sich sagen, der Therapeut sei gütig, wisse, was er tue, wolle nur ihr Bestes, und im Grunde bezahlen sie ihn, und er ist nur *eine* Person, die sie unter Kontrolle halten müssen. Eine Gruppe ist in Hinblick auf jede dieser Annahme weitaus bedrohlicher. Viele Leute haben große Angst davor, sich einer Gruppe anzuschließen, und wir sprechen oft einige Zeit darüber, bevor sich jemand bereiterklärt, an einer Gruppensitzung teilzunehmen. Da die Gruppenerfahrung so überwältigend und bedrohlich sein kann, schlage ich allen, die eine Gruppentherapie in Erwägung ziehen, vor, an mindestens vier Sitzungen teilzunehmen, bevor sie sich endgültig entscheiden, ob sie in der Gruppe bleiben wollen oder nicht.

Manche Leute weigern sich schlichtweg, einer Gruppe beizutreten. Sie führen alle möglichen Gründe dafür an, aber in der Regel macht es ihnen einfach zu große Angst. Manche, die es dennoch tun, machen in den ersten paar Monaten vor jeder Gruppensitzung Momente der Panik durch. Später lernen viele von ihnen die Gruppe schätzen, und für manche ist sie wertvoller als Einzelsitzungen.

Manchen Menschen geht es speziell um die Gruppenerfahrung. Sie wenden sich an mich, weil sie gehört haben, daß ich mehrere Gruppen leite und weil sie von der Wirksamkeit der Gruppe überzeugt sind. Sobald sich jemand einer Gruppe angeschlossen hat, habe ich den Vorteil, unter zwei verschiedenen Umständen mit ihm oder ihr zu arbeiten und er oder sie hat den Vorteil von drei oder vier Therapiestunden pro Woche statt bloß fünfzig Minuten bei mir.

Menschen begeben sich gewöhnlich in Therapie, weil sie größere Schwierigkeiten haben, als sie für normal halten, und weil sie nicht wissen, was sie dagegen tun könnten. (Wenn sie es wüßten, würden sie sich die Zeit und die Kosten sparen und selbst nach Lösungen suchen.) Wenn jemand zu einer Erstberatung kommt, hat er Gelegenheit, sich ein Bild von mir zu machen, zu schauen, ob er mich sympathisch findet und, was vielleicht noch wichtiger ist, ein Urteil zu fällen, ob er glaubt, daß ich ihm wirklich helfen kann. Aus diesem Grund bemühe ich mich bei einem Erstgespräch besonders, mit dem Betreffenden in Kontakt zu kommen, ich bin bereit, ein Risiko einzugehen, mich zu exponieren, um ihm etwas zu bieten, damit er sich etwas erleichtert fühlen kann, wenn er geht, damit er glauben kann, daß etwas für ihn geschehen kann und daß jemand versuchen wird, für ihn dazusein. Gewöhnlich ist das nicht schwierig zu erreichen, da der Klient in einer Beratung gewöhnlich mehr von sich zeigt. Er hat noch keine Gelegenheit gehabt, andere Mittel des Widerstands zu entwickeln als diejenigen, die in seiner eigenen Natur liegen.

Ein Mensch, der sich in Therapie begibt, hat gewöhnlich Phantasien darüber, wer er sein wird, wenn wir unsere Arbeit beendet haben, und wie das alles zustandekommen wird. Aber allmählich wird ihm bewußt, daß er sich darauf verlassen kann, von mir unterstützt zu werden und Einsichten zu gewinnen, manchmal mit und manchmal ohne meine Hilfe. Auch auf gelegentliche Deutungen und Klarstellungen von mir kann er sich verlassen. (Ja, ich weiß, daß Gestalt-Therapeuten *keine* Deutungen anbieten sollen, aber man mache sich die Mühe, die Bücher von Fritz Perls sorgfältig zu studieren, und urteile selbst. Wer kategorisch erklärt, daß Gestalt-Therapeuten keine Deutungen anbieten, der macht sich wahrscheinlich ebenso der Introjektion unverdauter Konzepte schuldig wie die Freudianer, die es niemals wagen, eine Assoziation zu unterbrechen.)

Je nachdem, wie gut wir arbeiten, werden die Klienten ein größeres Bewußtsein ihrer selbst und ihrer Bedürfnisse erlangen; sie werden bereit sein, die Verantwortung für ihre eigenen Handlungen zu übernehmen und in bezug auf neue Möglichkeiten und Konstellationen für ihr Leben Risiken einzugehen. All dies ist sowohl in der Einzel- als auch in der Gruppentherapie möglich, aber die Voraussetzungen sind verschieden.

In der Einzeltherapie gibt es nur zwei Akteure, nur dich und mich. Unsere Beziehung kann so intensiv werden, wie wir sie haben wollen. Eine der Gefahren ist, daß sie intensiver werden kann, als wir das wünschen, und wenn das geschieht, dann werden wir uns darum kümmern müssen.

Wenn ich in der Einzeltherapie ein Experiment vorschlage, dann bin ich trotz deines Zögerns, dich bloßzustellen, der einzige Zuhörer. Sobald du mir zu vertrauen beginnst, wirst du es wahrscheinlich ohne zu große Verlegenheit probieren können, um zu sehen, was sich daraus entwickelt.

In der Gruppentherapie haben wir es mit einem Dutzend verschiedenen Individuen zu tun. Unsere intime Beziehung wird zerrissen. Wir müssen uns jetzt nicht nur aufeinander einstellen, sondern auf die unterschiedlichsten Persönlichkeiten. Du kannst mit angstvollen Blicken oder einem nachdenklichen Lächeln an mich appellieren, aber wenn du mich direkt bitten würdest, dich zu beschützen, dann würde die Gruppe das nicht erlauben. Was mich betrifft, werden all die Artigkeiten, mit denen du dich bei mir einzuschmeicheln suchtest, transparenter, wenn ich Gelegenheit habe, dich im spontaneren Umgang mit den anderen Mitgliedern der Gruppe zu sehen, der eher dem Verhalten im Alltag gleicht und ohne die Selbstzensur auskommt, die das Ziel hat, mich zu beeindrucken.

Einer der Hauptunterschiede zwischen der Gruppen- und der Einzeltherapie ist das Erregungsniveau. Ein Dutzend Personen sind weniger geneigt, als ich es vielleicht bin, höflich dazusitzen und dir zu gestatten, der Konfrontation mit deinen Problemen auszuweichen. Du hast vielleicht gelernt, mich zu manipulieren, aber es ist unwahrscheinlich, daß es dir gelingen wird, dies mit der ganzen Gruppe zu tun. Wenn ein Dutzend Menschen aufmerksam zuhören und lebhaft reagieren, kann eine Atmosphäre entstehen, die manchmal einer guten Party gleicht oder einer aufregenden Theatervorstellung oder einem bewegenden Gespräch zwischen Freunden oder einer spielerischen Begegnung usw. Unsere Einzelsitzung ist gewöhnlich etwas gesetzter. Die Gefahr ist geringer, daß wir durch meine eigene Inanspruchnahme von deinen Anliegen abgelenkt werden und deshalb ersparen wir uns mehr Zeit. Aber in der Gruppe hast du die Unterstützung von einem Dutzend Personen, von denen jede bereit ist, für dich Energie zu mobilisieren, wenn du mit schwierigen Fragen ringst. Wenn eine Gruppe »heiß« ist, wenn kein Bla-bla geredet und der Stier bei den Hörnern gepackt wird — und was der Klischees noch mehr sein mögen — dann ist das ein wundervoller Anblick und hört sich fabelhaft an. Wenn eine gute Sitzung um etwa 10 Uhr abends endet und die Leute danach noch ein, zwei Stunden in einer Kneipe beieinandersitzen, dann sind sie noch um Mitternacht so voller Energie und aufgekratzt von den Ereignissen, daß es ihnen schwerfällt, diese Erregung wieder abklingen zu lassen.

Da ist noch ein Unterschied zwischen Gruppen- und Einzeltherapie, der aber für mich nicht gilt. Sobald die Gruppensitzung vorbei ist, können die Mitglieder entscheiden, ob sie mit anderen Teilnehmern zusammentreffen wollen oder nicht.

Viele Therapeuten raten von solchen Zusammenkünften entweder ab oder verbieten sie, da dabei eine Menge gruppenrelevante und nicht gruppenrelevante Dinge zur Sprache kommen und sie fürchten, daß dabei »ausagiert« wird. Für manche Therapeuten ist die therapeutische Erfahrung etwas Besonderes, daß sie davor bewahrt werden muß, vom übrigen Leben kontaminiert zu werden.

Ich betrachte Therapie und Leben nicht als zwei separate Kategorien. Von meinem Standpunkt aus ist die Therapie eine Erweiterung und Ergänzung des Lebens. Ich freue mich besonders, daß die Gruppenmitglieder einander auch unter gewöhnlicheren sozialen Umständen sehen, ja sogar, daß sie die Chance haben, einander mit geringerer Intensität und vielleicht auch geringerer Verzerrung zu sehen. Eine der Gefahren dieser Fraternisierung ist jedoch die Möglichkeit, daß sich Teilnehmer miteinander verbünden und mich angreifen könnten und daß sie zu ihren eigenen Schlüssen darüber kommen könnten, was ich denke und wie falsch das ist. Dies ist wahrscheinlicher, wenn sich nur zwei oder höchstens drei Personen miteinander verbünden, um sich gegenseitig in ihren Widerständen zu bestärken. Obwohl es schwierig sein kann, mit einer solchen Situation umzugehen, ziehe ich es dennoch vor, daß die Gruppenmitglieder Gelegenheit haben zusammenzutreffen, um Freundschaften zu schließen, selbst wenn es sich erweisen sollte, daß die Freundschaft auf einem wechselseitigen Bedürfnis basiert, sich vor mir zu schützen. Die Gruppe bietet mithin unter Umständen nicht nur Therapie, sondern Freundschaft, gelegentlich vielleicht sogar Liebe, und manchmal eine Chance, sich gegen die Therapie als solche zusammenzuschließen. Dies ist eine beachtliche Skala von Möglichkeiten, die Klienten in Einzeltherapie jedenfalls nicht zur Verfügung steht.

Ein weiterer wichtiger Aspekt der Gruppe ist, daß die Mitglieder Gelegenheit bekommen, einen intimen Einblick in das Leben anderer zu erhalten. Allzu oft beschränken sich die intimen Beziehungen eines Menschen lediglich auf die Mitglieder seiner Familie und, falls er Glück hat, einen oder zwei Freunde. Tatsächlich haben zu viele Personen, die zu mir kommen, faktisch *keine* intimen Beziehungen, sei es zu Freunden *oder* Familienangehörigen. Die Einzeltherapie gibt mir Gelegenheit, als Vertrauter und Freund besonderer Art zu dienen, der jedoch aufgrund seiner Rolle immer etwas suspekt bleibt. In der Gruppe braucht sich niemand auf eine intime Beziehung einzulassen; ein solches Geschenk, wenn es gemacht wird, erfolgt aus freien Stücken, und wenn es fehlt, gibt die Gruppe Gelegenheit herauszufinden, unter welchen Bedingungen Intimität oder Freundschaft möglich ist.

Ob man sich in einer Gruppe Intimität wünscht oder nicht, sie ist nicht zu vermeiden. Man mag nicht bereit sein, sich an ihrer Äußerung zu beteiligen, aber man kann es nicht vermeiden, Zeuge zu werden, wenn andere aufrichtig ihre zärtlichsten Gefühle miteinander teilen und sich ihre schmerzhaftesten Wunden enthüllen.

Für manche Gruppenmitglieder wird die Teilnahme an der Gruppe durch diese Gelegenheit, das Privatleben anderer kennenzulernen, sich damit zu identifizieren, Intimität zu erleben und Freundschaften zu schließen, zu einer tiefberührenden und bewegenden Erfahrung. Das heißt, viele Mitglieder erleben in der Gruppe erstmals die Möglichkeit menschlicher Beziehungen. Allzu oft haben Menschen am Beginn einer Therapie keine bedeutsamen Beziehungen. Die Gruppe ist dann besonders wichtig als ein Ort, um mit anderen Menschen in einer geschützten Atmosphäre zu experimentieren.

Die Gruppentherapie unterscheidet sich noch in anderer Hinsicht von der Einzeltherapie, wie bereits zuvor angedeutet. Die Gruppentherapie zeichnet sich durch eine Dramatik aus, die sich zuspitzt, sooft ein Mitglied mit seinen Dämonen ringt. Der Vergleich mit dem *Theater* ist vielleicht am zutreffendsten. Auf die Anwesenheit des Publikums habe ich bereits hingewiesen. Das Publikum mischt sich manchmal spontan mit Vorschlägen, Deutungen, Tränen, ja sogar Buh-Rufen ein. Manchmal improvisiere ich für die Mitglieder ein Psychodrama, an dem sie teilnehmen können; manchmal strukturiere ich eine Runde so, daß alle Gruppenmitglieder einbezogen sind; manchmal beginnen alle spontan miteinander zu streiten oder sich in anderer Weise einzumengen. Wir wissen nicht, was als nächstes geschieht, wie die Rollenspiele inszeniert werden, zu welchen Ausbrüchen es kommen wird, wie sich der dramatische Knoten lösen wird. Die minimale Struktur, die ich vorgebe, indem ich mich auf eine Person konzentriere oder ihr ein Experiment vorschlage, ist eingebettet in eine Atmosphäre der Spannung und Erregung. Gelegentlich, wenn etwas nicht funktioniert, entstehen Frustration und Langeweile; aber auch das wird zu einem Bestandteil des Materials, mit dem wir arbeiten können. Dieses Schauspielhafte ist in den Einzelsitzungen nicht im gleichen Maß vorhanden, obwohl auch diese manchmal überaus faszinierend sein können. Doch die Beschränkung auf zwei Personen limitiert die Möglichkeiten. Dafür nährt die Einzeltherapie dieses köstliche Gefühl reiner Selbstsucht: diese Zeit gehört mir allein; ich kann sie nutzen, wie es mir gefällt. Dieser Mensch hier hat die Aufgabe, dazusitzen und sich meine Probleme anzuhören, nur die meinen. In der Gruppentherapie kann sich niemand mit einer solchen Einstellung lange behaupten.

Meine eigene Arbeit in der Einzeltherapie unterscheidet sich zweifellos von der in der Gruppentherapie. Als ich anfing, Gruppen zu leiten, war ich in den Sitzungen sowohl angespannt als auch erregt; und sooft ich eine neue Gruppe beginne, fühle ich mich noch immer so. Ich brauche den Kontakt nicht nur mit einer Person, auf die ich mich konzentriere, sondern auch mit den anderen Gruppenmitgliedern. Manchen Gruppenleitern genügt es, sich zurückzulehnen und alles geschehen zu lassen, aber ich will innerhalb gewisser Grenzen aktiver sein, ich möchte dafür sorgen, wenn ich es kann, daß die Gruppe zu einem lohnenden Ereignis wird. Fritz Perls' Umgang mit der Gruppe bestand darin, den übrigen Mitgliedern Gelegenheit zu geben, seine Arbeit mit einer Person zu beobachten. Ich persönlich ziehe eine lebhafte Gruppeninteraktion vor, und wenn eine Gruppe gut läuft, wenn die Mitglieder großes Verständnis für sich selbst und andere haben, dann ziehe ich mich zurück und lasse sie die Situation allein meistern. Viele Therapeuten fühlen sich durch Gruppen so bedroht, daß sie den Teilnehmern diese Option nicht bieten. Wenn es einem Therapeuten um Macht und Kontrolle geht, dann wirkt eine Gruppe bedrohlich, weil es so große Anstrengung kostet, zwölf Menschen statt bloß einen unter Kontrolle zu halten. Manche Therapeuten glauben, alles im Griff haben zu müssen, was geschieht, aber nur in einer »toten« Gruppe ist das so.

Eines der Dinge, die passieren können, ist, daß ein Mitglied aktiv wird und sich de facto in der Leitung der Gruppe zu meinem Ko-Therapeuten ernennt. Die Rolle des Therapeuten wird von vielen als attraktiv und verlockend empfunden. Oft ist es die Macht des Therapeuten, was begehrt wird. Ich bin gern bereit, diejenigen um ihres eigenen Wachstums willen gewähren zu lassen, die meine Stelle einnehmen oder mich vertreten wollen. Je nachdem, um welches Mitglied es sich handelt und wie geschickt es mit seiner selbst verliehenen Autorität umgeht, reagiert die Gruppe auf verschiedene Weise. Oft werden mindestens ein oder zwei Mitglieder eifersüchtig und beginnen zu rivalisieren: wie kann es der oder die wagen, diese Rolle zu usurpieren, die ich selbst gerne spielen möchte? Woher nimmt er/sie die Stirn, sich die unantastbare Macht des Leiters anzueignen? Wenn jemand bei seinen Versuchen, den Ko-Therapeuten zu spielen, völlig danebenliegt, dann wird ihn die Gruppe rasch in die Schranken verweisen, entweder indem sie seine Kommentare ignoriert oder indem sie ihn unmittelbarer wissen läßt, daß sie seine autoritativen Bemerkungen nicht sehr befriedigend findet. Wenn jemand die Rolle des KoTherapeuten wirklich gut ausfüllt, ist dies gewöhnlich ein Zeichen, daß er zumindest viele der therapeutischen Techniken erfaßt hat. Ich möchte aber auch wissen, ob er, was noch wichtiger für ihn ist, diese Fähigkeit auf sein eigenes Leben anwenden kann oder ob er sie bloß benutzt, um mich nachzuahmen.

Ein letzter Unterschied zwischen Gruppen- und Einzelsitzungen besteht darin, daß mir in der Einzelsitzung oft eine Ähnlichkeit mit wichtigen Personen im Leben des Klienten zugeschrieben wird — Vater, Mutter, Bruder, Chef, Kollege oder Feind. Die Skala ist begrenzt durch unsere begrenzte Zahl; wir sind nur zu zweit. Die Skala ist auch insofern begrenzt, als es dem Klienten schwerfallen dürfte, sich mich als seine jüngere Schwester, seine Freundin oder seinen Großvater vorzustellen. In der Gruppe ist eine größere Zahl von Personen vorhanden, auf die man reagieren kann, ein größeres Spektrum von Rollen und mehr Individuen, auf die man in einer echten Weise ansprechen kann, die nicht durch die therapeutische Begegnung gehemmt ist. Oft wird der Therapeut als Quelle der Weisheit betrachtet und mit übertriebenem Respekt behandelt, so daß die Interaktionen mit ihm in den Sitzungen zu höflich ablaufen. Gegenüber den Gruppenmitgliedern fühlt sich der Einzelne gleichberechtigter und damit auch freier, unmittelbar zu reagieren, ohne von einem erzürnten Therapeuten Sanktionen befürchten zu müssen. Angesichts all der Möglichkeiten der intimen und unmittelbaren Teilnahme am Leben der anderen, die die Gruppe bietet, entstehen oft Beziehungen zwischen den Mitgliedern, die sich dem Zugehörigkeitsgefühl in der Familie nähern. Wenn sie im Laufe der Zeit auf eine gemeinsame Vergangenheit zurückblicken können und sich voll auf einen ehrlichen Austausch einlassen, kommt es nicht selten vor, daß sich echte Freundschaften entwickeln und sich Gruppenmitglieder einander näher fühlen als ihren eigenen Angehörigen. Leider ist das Familienleben für allzu viele Menschen so belastet durch Ausweichmanöver, verborgene Spannungen, Eifersucht, Abkapselung, Unaufrichtigkeit, Feindseligkeit und Furcht, daß das Wenige, das an echter Liebe vorhanden ist, verkümmert und verdorrt. Das in einer Gruppe entstehende Familiengefühl kann stärkend und belebend sein. Anlässe wie der Abschied eines Mitglieds, das in einen anderen Teil des Landes übersiedelt oder dessen Therapie zu Ende ist, gehen manchen Mitgliedern sehr nahe. Das Hinzukommen eines neuen Mitglieds kann ebenfalls bei allen Beteiligten, neuen und alten Mitgliedern, Erschütterungen hervorrufen. Gut eingespielte Familienverbände nehmen nicht ohne weiteres neu eingeheiratete Verwandtschaft auf. Alteingesessene Bewohner stellen neue Nachbarn oft auf die Probe, bevor sie ihnen ihre Freundschaft anbieten, und dasselbe kann auch in der Gruppe geschehen.

Obwohl die Einzeltherapie eine zutiefst bewegende Erfahrung sein kann, wenn sich zwei Menschen vorbehaltlos aufeinander einlassen, ist das therapeutische Gruppenerlebnis, wenn sich das Spektrum erfolgreich auf ein Dutzend Personen unterschiedlichster Herkunft und Erfahrung erweitert und wenn es emotional funktioniert, noch dramatischer und erregender, noch elektrisierender und eindrucksvoller.

9. Eine weitere Gruppensitzung

Ich möchte noch über eine andere Gruppensitzung berichten, um zu zeigen, wie wertvoll Gruppentherapie sein kann.

Sol sagte mir in seiner Einzelstunde, daß er in der Gruppe arbeiten wolle. Er hatte in der Gruppe zunächst Schwierigkeiten. Als er in die Gruppe kam, erholte er sich eben von einer langen, schmerzhaften Scheidung und begrüßte die Chance, neue Menschen kennenzulernen und Unterstützung und, wie er sagte, *Feedback* (Rückmeldungen) zu erhalten. Tatsächlich war das eine seiner Bedingungen, als er die Einzeltherapie begann, daß ich eine Gruppe anzubieten hätte, an der er teilnehmen könnte.

Anfangs schloß er sich mit Begeisterung an die Gruppe an. Er fand in ihr genau das, was er sich erhofft hatte, vielleicht, weil er entschlossen war zu finden, was er suchte, und die Gruppe daher nicht realistisch wahrnahm. Seine sexuellen Erfahrungen waren sehr limitiert gewesen, bevor er in die Therapie kam, und er hatte starke Minderwertigkeitsgefühle und schämte sich seiner eigenen Geschlechtsorgane und seiner begrenzten sexuellen Erfahrungen. Eines abends fragte er die Gruppe rundheraus, ob jemand etwas dagegen habe, daß er sich entkleide, und ohne die Reaktionen abzuwarten, schlüpfte er rasch aus den Kleidern und stellte sich zur Schau. Die anderen Gruppenmitglieder reagierten unterschiedlich. Manche, darunter auch ich, hatten im Grunde nichts dagegen, zeigten aber wenig Interesse. Einige der Frauen waren aufgebracht, insbesondere diejenigen, die selbst Probleme mit sexueller Intimität hatten. Einige weinten vor Scham und Furcht. Dagegen umarmte ihn ein Mann und erklärte ihm, wie sehr er ihn für seinen Mut bewundere.

Sol war von den Reaktionen der Gruppe verwirrt. Er hatte erwartet, allgemeine Anerkennung für seine Offenheit, wie er es empfand, zu ernten und fühlte sich verraten, als ihm diese nicht zuteil wurde.

Bei einem anderen Anlaß griff ihn derselbe Mann, der ihn so herzlich umarmt hatte, aufs schärfste wegen des in seinen Augen unehrlichen Versuchs von Sol an, sich bei den Gruppenmitgliedern einzuschmeicheln und seine eigene Wut abzuwürgen. Sol war durch diese Vorgänge in der Gruppe erneut verstört und zog sich daraus zurück. Ein anderes Thema komplizierte seine Reaktion auf die Gruppe. Sobald er sexuelles Selbstvertrauen gewann, näherte er sich einer der Teilnehmerinnen, Fanny, die den Verlust eines Freundes betrauerte, den sie fast geheiratet hatte. Obwohl sie sich durch

Sols Aufmerksamkeit geschmeichelt fühlte, war sie nicht daran interessiert, seine Partnerin zu werden.

Sol, der sich so intensiv gewünscht hatte, einer Gruppe beizutreten, mußte jetzt feststellen, daß er über die Mitglieder verärgert war, sich verletzt fühlte und den Rückzug angetreten hatte. Er hatte das Gefühl, mit der Gruppe sehr vorsichtig umgehen zu müssen. Ich hatte diese Entwicklung mit geringer Beteiligung meinerseits verfolgt. Sol würde für sich selbst sorgen müssen. Ich war nicht bereit, die Rolle seines Beschützers zu spielen. Ich fand, es sei wichtig für ihn zu begreifen, daß er die Gruppe anfangs in einer unrealistischen und idealisierenden Weise gesehen hatte und daß er gleichzeitig Ansprüche an andere stellte, die diese nicht bereit waren zu akzeptieren, damit er sich später in seinem Ärger gerechtfertigt fühlen und sich dann zurückziehen konnte, indem er der Gruppe die Schuld zuschob.

An diesem Morgen hatten wir in seiner Einzelsitzung an seiner Beziehung zu Gloria gearbeitet, einer jungen Frau, die er ebenso idealisierte und mit der er in den ersten drei Monaten eine vollkommene Beziehung zu haben glaubte. In den folgenden sechs Monaten hatte er mit ihr gestritten. Sol hatte schließlich beschlossen, Gloria unter keinen Bedingungen mehr wiederzusehen. Er war besonders wütend auf sie, weil sie bei ihrem letzten Zusammensein besonders liebevoll und freundlich zu ihm gewesen war, sich aber geweigert hatte, zum Abschluß des Abends mit ihm zu schlafen.

Meine Vorstellung von einer guten Gruppensitzung sieht so aus, daß die Gruppenmitglieder weitgehend die Verantwortung für die Geschehnisse übernehmen. Ich spiele die Rolle des Katalysators. Ich bemühe mich speziell, keine vorgefaßten Meinungen darüber zu haben, was geschehen wird oder was geschehen sollte. Ich versuche, mich auf eine Hypothese darüber zu beschränken, was geschehen könnte, aber gleichzeitig versuche ich, offen dafür zu bleiben, das nicht Eintretende als ebenso aufregend, nützlich oder fruchtbar zu begreifen.

Gestern abend war der Abend vor Thanksgiving, dem Vorläufer der Weihnachtsfeiertage. Macy's, Gimbles und Saks mögen das ganze Jahr für diese Jahreszeit beten, in der der Friede auf Erden und die Nächstenliebe dazu beitragen, die Kassen klingeln zu lassen, aber die Therapeuten wissen, daß dies Wochen der Mißstimmung sind, eine Zeit, in der die Menschen bitter alle Miseren ihrer Kindheit aufs neue durchleben, in der Gedanken an Selbstmord reifen und in der gute Leute, die das Gefühl haben, nicht länger durchhalten zu können, sich in Therapie begeben. So hat gestern abend in dieser Gruppe die Adventzeit begonnen:

Während ich vor Beginn der Gruppe den Kaffee mache, teilt mir Heather mit einem gereizten Lachen mit, daß ihr zum Schreien zumute sei, weil ihr Baby-Sitter eine Stunde, bevor sie zur Gruppe wegfahren wollte, absagte. Sie brachte die verbleibende Zeit dann mit einer verzweifelten Suche nach einem Ersatz zu, bis ihr schließlich Liz, eine andere Teilnehmerin, einen Baby-Sitter vermittelte. Ich lade Heather ein zu schreien. Sie will Dampf ablassen, und sie hat diese Methode selbst vorgeschlagen. Warum nicht? Ich habe keine Nachbarn, die sich beschweren könnten. Vielleicht ist es nicht *bien élévé* zu schreien, zumal Heather in Europa zu einer gesitteten jungen Dame erzogen wurde. Aber nein, sie stammt durchaus aus einer Bohème-Familie — Schriftstellerinnen, Maler, Bildhauerinnen. Über diese Art von *politesse* sind wir längst hinaus. Zumindest einige von uns, wie wir sehen werden. Ist Heather nicht bereit, sich geistig mit ihren Problemen auseinanderzusetzen? Nun, ich aus meiner Sicht reagiere auf ihre legitime Wut. Deshalb sage ich: »Warum schreist du nicht, Heather?« Sie tut es mit großem Elan. Es ist ein ziemlich guter Schrei, laut, langgezogen und durchdringend. Sie lacht, aber ich habe das Gefühl, daß die Sache damit noch nicht aus der Welt ist. Ein Teil ihrer Spannung hat sich in dem Schrei gelöst, ein Teil ihrer Wut ist ausgetobt, ein Teil ihrer Frustration abgebaut, aber nicht restlos. Ich lade Heather ein, ein zweites Mal zu schreien, wenn sie es will. Sie tut es. Diesmal ist der Schrei tiefer, kürzer, abgeschnitten. Sie hat genug. Ist damit Heathers gesamte Wut bewältigt? Nein. Ich unterziehe mich in diesem Moment nicht der Aufgabe, mich mit ihrer gesamten Wut auseinanderzusetzen, mit ihrem Unglück als amerikanisches Kind in Europa; als Studentin am Sarah-Lawrence-College, wo sie sich in Bildhauerei versuchte und von ihrem Vater und dessen Freunden verführt wurde; als unglückliche Ehefrau, die eben im Begriff ist, sich von ihrem Mann zu trennen und mit ihren beiden Kindern allein zu leben. Nein, ich versuche in diesem Augenblick nur ein Mittel zu finden, damit sich Heather in der Gruppensitzung, die gleich beginnen wird, einigermaßen wohlfühlen kann. Meine Ziele sind beschränkt: wenn ich mich um diese Minute kümmere, dann wird es mir leichterfallen, mich um die nächste zu kümmern.

Moe ist ein Geschäftsmann mit konventionelleren Auffassungen. Wenn ich ihn auffordern würde zu schreien, würde er mir den Gefallen nicht tun. Von seinem Standpunkt aus ist Schreien ungezogen, schlechtes Benehmen, unwürdig, etwas, wovor man sich hüten und das man vermeiden sollte.

Moes Eltern, Immigranten aus Europa, schrien einander ständig an, als er aufwuchs, und er haßte das. Er möchte ein soignierter, kultivierter Mann der gehobenen Schichten sein, nicht wie seine vulgären Eltern. Natürlich gerät er in wütende Auseinandersetzungen mit seiner Frau; natürlich betrinkt er sich und greift dann Leute bösartig an, aber nach seiner Überzeugung erhebt er niemals die Stimme, und er tilgt seine Schuld, indem er Reue empfindet. Er toleriert diese Art von Verhalten bei anderen Gruppenmitgliedern, denen er nicht besonders nahe steht, aber er kann immer noch nicht begreifen, warum intelligente Damen und Herren von sich aus bereit sind, zu schreien. Nach jedem Schrei Heathers sagt er sarkastisch zu ihr, zu mir, zu der Gruppe: »Hat dir das gut getan? Hat dir das geholfen?« Niemand antwortet ihm. Ich ziehe es ebenfalls vor, ihm nicht zu antworten. Er soll selbst draufkommen. Eine schwierige Aufgabe, denn Moe stellt fest, daß er bei allen Entscheidungen an sich zweifelt. Nach beschränkten, konventionellen Maßstäben kennt er den Unterschied zwischen Gut und Böse, aber er ist unfähig, eigene Entschlüsse zu fassen und zu handeln. (Acht Monate werden vergehen, bevor Moe bereit ist, sich in der Gruppe mit seiner eigenen Wut auseinanderzusetzen und sie zu äußern. Nachdem dies geschehen ist, lächelt er beglückt und drückt mir herzlich die Hand.)

Mary hat sich in der Küche an mich gewandt. Sie hat im September eine neue Stelle als einzige weiße Kindergärtnerin in einem schwarzen Kindergarten in Harlem angetreten. Sie ist die Leiterin und hat zwei Helfer, eine Schwarze und einen Puertorikaner. Sie hat Schwierigkeiten mit ihrer Assistentin May, mit ihrer Vorgesetzten und mit zwei der Kinder, Shirley und Leo. Sie sagt, sie wolle an diesem Abend arbeiten, weil sie glaube, die Schwierigkeiten, die sie jetzt habe, glichen den Schwierigkeiten, die sie an einer Reformschule hatte, von der sie vor vier Jahren entlassen wurde, weil sie in einer fünften Klasse nicht Disziplin halten konnte. Damals war sie seit mehreren Jahren in psychoanalytischer Behandlung gewesen und hatte mit ihrem Therapeuten endlos über ihre Schwierigkeiten mit den Kindern gesprochen. Als sie zu mir kam, arbeitete sie bei einem Physiker als Schreibkraft. Allmählich kehrte sie in den Lehrberuf zurück, indem sie sich in Vorschulerziehung weiterbildete. Nach mehreren kurzen und stürmisch verlaufenden Gastspielen an verschiedenen Schulen war sie bis vor kurzem mit den Kindern und der Schule in Harlem relativ zufrieden gewesen.

Mary beginnt, von ihren Schwierigkeiten im Umgang mit Shirley und Leo, insbesondere in den Pausen, zu erzählen. Shirley und Leo sind bei

Juan, ihrem puertorikanischen Assistenten, durchaus folgsam, aber sie lehnen es ab, sich niederzulegen, wenn Mary Dienst hat.

Ich unterbreche Mary und bitte sie, für uns jetzt Shirley zu sein. Meine Vermutung ist, daß Mary auf etwas in Shirley reagiert, das auch bei Mary noch in hohem Maße unerledigt ist, und statt zu versuchen, das durch eine lange Serie von Fragen aus ihr herauszuholen, möchte ich, daß Mary selbst in unmittelbarer Weise erkundet, wer Shirley für sie ist. Marys Gesicht füllt sich mit aufmüpfigem Schalk, einem durchtriebenen Lächeln und herausfordernd lachenden Augen. Mary kickt und stößt Möbel herum, scharrt mit den Füßen und sagt in einer nachäffenden, kindischen Stimme, »Ja, Schätzchen, ja, Schätzchen, ja, Schätzchen«, und wendet sich dann zu uns. »Das sagt sie immer, "ja, Schätzchen!"«

Mary setzt sich. Ihr und allen anderen ist klar, daß sie es genossen hat, Shirley zu spielen, ungezogen und unfolgsam zu sein. Ich frage Mary, in welcher Hinsicht sich Shirley und Marys Kater Vanilla gleichen und wie sie sich unterscheiden. Ich habe ein Rätsel erfunden, ein Spielzeug, mit dem Mary spielen kann. Sie schneidet ein Gesicht. Sie beginnt skeptisch: »Nun, das eine ist ein Mädchen und das andere ist eine Katze.« Sie lacht und fährt etwas verärgert fort. »Du meinst, Vanilla darf ungezogen sein — ihm nehme ich es nicht übel — Shirley dagegen schon.« Ja, Mary hat die Lösung meines Rätsels gefunden, also frage ich sie jetzt, was der Unterschied zwischen den beiden ist, warum sie Vanillas Unarten duldet, aber nicht die Shirleys. Mary schneidet wieder ein Gesicht. Sie ballt ihre Finger zu einer Faust. »Weil Shirley und Leo keine Schuldgefühle haben. Sie tun, was sie wollen, und haben keine Schuldgefühle!« Und inwiefern unterscheidet sich Mary von Shirley und Leo? Mary antwortet mir mit haßerfülltem Gesicht, wobei mich ihre Augen böse anfunkeln. Ihre Hand ist vor Zorn erhoben: »Weil ich immer von Schuldgefühlen erfüllt bin, wenn ich etwas tue, was ich nicht soll.« Ich spreche ihren Satz für sie zu Ende. »Deshalb wirst du ihnen beibringen, auch Schuldgefühle zu haben; du möchtest, daß sie genauso wie du leiden, um den Unterschied zwischen Gut und Böse zu lernen.« »Ja«, faucht sie mich an, ihr Gesicht wieder von Wut verzerrt, »genau!« Mary fährt fort, jetzt erregt von der Gelegenheit, uns vor Augen zu führen, wie verworfen sie ist. »Ich möchte sie verhauen, ich möchte ihr wehtun. Wenn ich ihren Arm packe, verdrehe ich ihn, das tut mir gut. Ich möchte sie bestrafen, und das macht mir Spaß. Ja« — sie grinst mich höhnisch an — »ich genieße diese sadomasochistischen Spiele oder wie du das auch nennen willst, ja, bestimmt!«

Mary hebt die Hand, als wolle sie Shirley schlagen, und ich fordere sie auf, ihre Hand zu werden, die im Begriff ist, auf jemanden herunterzusausen. Sie fügt sich sofort und läßt ihrer Wut noch freieren Lauf. Mit einem Ausdruck der Verachtung auf ihrem Gesicht beklagt Mary sich bitter: »Shirley und Leo wissen, daß ich lammfromm bin, daß sie sich alles leisten können, daß ich ihnen alles durchgehen lasse. Aber sie haben sich getäuscht. Ich lasse es mir nicht gefallen.«

An diesem Punkt möchte ich, daß Mary, um nicht von Schuldgefühlen wegen ihres eigenen Hasses überwältigt zu werden, spürt, daß sie auch über andere Kräfte, andere Gefühle gegenüber Shirley verfügt. Ich fordere sie auf, sich jetzt ihrer anderen Hand zuzuwenden, jener Hand, die bereit gewesen ist, die Hand zurückzuhalten, die bereit war, den Schlag auszuführen. Mary beruhigt sich jetzt, indem sie all die Gründe aufzählt, warum sie Shirley nicht schlagen möchte. Ihre Stimme hat sich verändert. Als ihre feindselige Hand gesprochen hat, war ihre Stimme hart, kalt, brutal. Jetzt, als die zügelnde Hand, klingt sie vernünftig, sanft und sensibel. Sie nimmt den Unterschied in ihrer Stimme wahr; sie kann besser verstehen, worauf sie bei Shirley und Leo reagiert, was in ihr selbst noch ungelöst ist, was ihre Fähigkeit behindert, mit unfolgsamen Kindern umzugehen. Wir halten inne, weil der Vorfall abgeschlossen ist, nicht aber unsere Arbeit mit Mary.

Heather erinnert Mary an die jüngste Vergangenheit. Heather hat Mary eingeladen, entweder Thanksgiving oder Weihnachten mit ihr und ihren Kindern zu verbringen. Mary hat abgelehnt, hat gesagt, das könne sie nicht tun; sie müsse zu ihrem Vater und ihrer Mutter nach Connecticut nach Hause fahren. Heather spricht jetzt von aktuelleren Dingen. »Als du heute abend über Shirley gesprochen hast, hat mich das so stark daran erinnert, wie ich bei deinen Eltern zu Besuch war und sie sich auch so lammfromm benommen haben, und du bist genauso, wenn du bei ihnen bist. Ich erkenne dich nicht wieder. Du setzt dich ihnen gegenüber nie durch. Du hast solche Angst, zu ihnen "nein" zu sagen.«

Mary wehrt sich. Sie ist ärgerlich über Heather. Sie sagt: »Du verstehst das nicht. Du glaubst bloß, es zu verstehen.« Sie verzieht ihr Gesicht zu einer boshaften, trotzigen Grimasse. »Ich *möchte* Thanksgiving zu Hause verbringen.«

Heather fragt: »Und was ist mit Weihnachten?«

»Weihnachten auch!«

Heather läßt sich nicht abschütteln. »Ich glaube, du hast einfach zu große Schuldgefühle, um in den Feiertagen zu tun, was du willst; du glaubst, du mußt ein braves kleines Mädchen sein und zu Mama und Papa nach Hause fahren.«

Mary ist wütend. »Ich werde machen, was ich will, und ich werde so sein, wie ich es will. Das genügt mir, und das sollte auch allen anderen genügen!«

Ich interveniere und frage Mary, was sie gern tun würde, wenn sie nicht zu ihren Eltern nach Hause führe.

Sie antwortet aggressiv: »Dann möchte ich bloß allein zu Hause sitzen, onanieren und mich vollstopfen. Dann fresse ich mich allein voll. Ich will allein sein und niemanden sehen.« Sie weint fast, als sie das sagt, aber gleichzeitig ist sie wütend und trotzig.

Ich beschließe, die Einsätze zu erhöhen, und fordere Mary auf, eine Phantasie über die Zukunft auszuspinnen. »Stell dir einmal vor«, sage ich, »es ist zehn Jahre später. Kannst du etwas über dein Thanksgiving sagen?«

Mary bejaht, indem sie trotzig den Kopf schüttelt. »Ja, dann bin ich eine fette, alte Jungfer« — sie weint jetzt — »und ich fahre an Thanksgiving immer noch zu meinen Eltern nach Hause.«

Ihr Gesicht ist rot vor Zorn. Ich erhöhe den Einsatz ein weiteres Mal. »Stell dir vor, dein Vater ist tot.«

Mary läßt sich nicht abschrecken. »Dann würde ich nach Hause fahren und bei meiner Mutter leben.«

Ich versuche, die Phantasie weniger schmackhaft zu machen. »Ja, du könntest Direktorin der Gemeindeschule sein und zu Hause leben.«

»Genau!« Mary ist halb erstickt vor Schluchzen und Zorn, aber sie gibt nicht nach.

Ich merke, daß es wenig Sinn hat, in dieser Richtung weiter vorzustoßen. Mary ist entschlossen, sich selbst und uns zu quälen; sie ist bereit, an ihren Schuldgefühlen und ihrem Selbsthaß, ihrem Trotz und ihrem Eigensinn festzuhalten, wenn es uns nicht gelingt, ihr einen Ausweg zu zeigen.

Ich schlage vor, ihre Wut auszutoben, indem sie auf ein Kissen einschlägt. Ich trete nicht oft für ein so mechanisches Mittel ein, um Wut abzureagieren, aber ich habe den Eindruck, daß Mary in diesem Augenblick für Worte oder Logik nicht zugänglich ist. Sie folgt meiner Aufforderung, und wir alle machen Qualen durch, während Mary mit unterschiedlichen Graden von Wut und Schmerz auf das Kissen eindrischt und dabei ein Ächzen und Stöhnen vernehmen läßt, das teils aus ihrer Kehle, teils von tief innen zu kommen scheint. Mary wird von der Gruppe ermuntert, ihre ganze aufgestaute Wut herauszulassen, und während sie auf das Kissen einhämmert, spürt sie, wie ihr Ekel allmählich nachläßt. Sobald sie damit aufhört, fängt sie sich jedoch rasch und beginnt, sich mit Worten zu geißeln, wobei sie mit der Faust auf ihr Bein einschlägt. Wenn sich Mary in eine solche Orgie des Selbsthasses hineinsteigert, läßt sie sich nicht so rasch beruhigen. Die Gruppe sitzt verdrossen da, während ein Versuch nach dem anderen scheitert, Mary zu helfen, loszulassen. Schließlich fragt Henry sie verzweifelt, ob es etwas gibt, was Mary von der Gruppe akzeptieren würde. Gibt es überhaupt irgend etwas, was sie uns gestatten würde, für sie zu tun? Sie antwortet mit einem bitteren, ironischen Lachen, daß sie einen Cracker möchte. Ich erhebe mich rasch und hole ihr aus der Küche eine Schachtel mit Crackern. Sie ißt langsam einen oder zwei und streckt mir dann ihre Hand hin. Ich schüttle den Kopf und lade sie stattdessen ein, sich auf meinen Schoß zu setzen. Sie weigert sich zunächst, setzt sich dann aber doch ohne zuviel Drängen auf meinen Schoß und wir halten uns an den Händen. Ziemlich rasch beginnt sie unheimlich heftig zu schluchzen, wobei ihr ganzer Körper bebt. Sie streckt die Hand nach Heather aus und wir halten sie beide in den Armen, während sie heult und wimmert. Marys Schluchzen dauert mehr als fünf Minuten in derselben explosiven Stärke an. Sie hat meinen Schoß verlassen, und Heather tröstet sie wie ein Kind. Später fühlt sich Mary sehr erleichtert.

Vor langer Zeit hat sich Mary in ein Verhaltensmuster von Schuldgefühlen verrannt, die sie zu kompensieren sucht, indem sie sich als etwas ganz Besonderes und Wundervolles fühlt, sich gleichzeitig wegen ihrer Überlegenheitsphantasien haßt, denen sie nicht entsprechen kann, und irgendwie hofft, jemand anderer werde sie von ihren Qualen erlösen. An diesem Abend haben wir Marys Probleme nicht beseitigt. Sie hat diese schon seit langer Zeit. Was ich hoffe, ist, daß wir es ihr ermöglicht haben, einen entscheidenden Schritt aus diesen Problemen herauszutun und sie klar zu sehen, wenn auch nur einen Abend lang. Sie ist fähig gewesen, Hilfe anzunehmen; sie ist so ekelhaft gewesen, wie sie nur sein konnte, ohne daß man ihr Schuldgefühle machte oder sie einen Preis dafür bezahlen mußte. Wenn für Mary etwas aus diesem Abend herauskommt, dann ist es gut; wenn nicht, werden wir es an einem anderen Abend nochmals versuchen.

Während wir von Woche zu Woche, von Minute zu Minute arbeiten, verharrt Mary in denselben Verhaltensmustern, aber weniger ausgeprägt, mit geringerer Beteiligung, und allmählich beginnt sie, ihr Repertoire um neue Verhaltensweisen zu erweitern. Aber all dies braucht Zeit.

Jetzt erinnert mich Sol, daß er arbeiten möchte. Die Atmosphäre in der Gruppe ist noch angespannt von all den Emotionen, die Mary ausgelöst hat. Sol erzählt uns von seinem Ärger über seine Exfreundin Gloria, die nicht mehr mit ihm schlafen möchte. Die Frauen in der Gruppe fühlen sich durch seine Worte sehr rasch vor den Kopf gestoßen. Sol ist sich nicht bewußt, wie herabsetzend er von Gloria spricht; auch nicht, daß ihn sein eigenes Bedürfnis, seine sexuelle Potenz bestätigt zu bekommen, als männlicher Chauvinist erscheinen läßt. Sol fühlt sich von den Frauen angegriffen, zu recht, und ist überrascht. Was er falsch gemacht habe, fragt er, und die Frauen versuchen, ihm zu erklären, daß er sich mehr dafür interessiert, ob Gloria mit ihm ins Bett geht oder nicht, als dafür, was zwischen ihnen geschieht. Sol wird zornig, und die Frauen fallen über ihn her wie Hyänen. Ohne sich dessen bewußt zu sein, hat er sie dazu herausgefordert, und jetzt kriegt er sein Fett ab. Sol ist fassungslos, deshalb schreite ich ein und versuche, ihm zu erklären, was geschehen ist, welchen Anteil er daran hatte, diesen Sturm des Hasses seitens der Frauen zu entfesseln, insbesondere, da er sich so unschuldig zu fühlen scheint. Er ist jetzt verletzt und fühlt sich von der Gruppe, einschließlich mir, verraten.

Jean ist besonders wütend. Sie attackiert Sol heftig und sagt ihm, wie angewidert sie sei und wie sehr sie ihn hasse. Jean äußert ihren Haß mit blitzenden Augen, einem verzerrten Mund und vorgerecktem Kopf. Sol möchte in Deckung gehen und tut das in der Weise, die ihm am meisten liegt; er zieht sich zurück und spielt den Überlegenen. Er benimmt sich verächtlich, und gleichzeitig merkt man, daß er empört und verletzt ist. Jean verbeißt sich in ihn wie ein Terrier. Sol ist nicht mehr imstande, sie zu hören oder klar auf das zu reagieren, was geschieht. Ich greife auf mein therapeutisches Kapital zurück und benutze es, um Sol zu beschwichtigen und dabei herauszufinden, wieviel er von den Vorgängen mitbekommt. Er ist verwirrt, aber bereit zuzugeben, daß er, obwohl er nicht versteht, was passiert ist, erkannt hat, daß es etwas mit ihm zu tun haben muß; daß er, obwohl er sich nicht schuldig fühlt, lernen muß, wodurch er all dies provoziert hat.

Jean hat sich inzwischen so weit beruhigt, daß sie versuchen kann, Sol klarzumachen, was in ihr vorgeht. Erstens ist sie über ihren eigenen Freund verärgert, weil der einen ähnlichen chauvinistischen Standpunkt vertritt.

Noch schlimmer, sie fühlt sich durch die Forderungen ihres Freundes eingeschüchtert und beugt sich ihnen oft, obwohl sie wütend über seine Ansprüche und ihre eigene Unterwerfung ist. Unmittelbarer sieht sie in Sol auch eine verhaßte Spiegelung ihres eigenen Verhaltens. Ebenso wie Sol mit der Hoffnung in die Gruppe kam, Unterstützung gegen Gloria zu finden, und wollte, daß die Gruppe sein Verhalten sanktioniert, erkennt auch Jean ihren eigenen Wunsch, daß die Gruppe für sie sorgt und ihr sagt, was sie tun soll, und wenn nicht die Gruppe, nun, dann ein starker Mann. Jean meint, sie kämpfe gegen diese Gefühle an, während Sol sich ihnen hemmungslos hingebe. Das ist mehr als Jean ertragen kann. Sol ist immer noch erschüttert. Er weiß jetzt mehr über sich selbst und wie er auf andere wirkt. Er ist nicht fertig, aber wir hören für den Augenblick auf, mit ihm zu arbeiten. Er hat mehr als genug zu verdauen.

Außerdem möchte Henry Zeit für sich. Er ist wütend über Heather, seine Frau, weil sie ihn aufgefordert hat, das Haus zu verlassen. Er beschimpft sie wüst, weil sie ihn in der Adventzeit aus dem Haus wirft. Heather versucht, ihn zu korrigieren; sie erklärt, er könne gern über Thanksgiving bleiben oder, falls er jetzt ausziehe, sei er zu Thanksgiving trotzdem bei ihr und den Kindern willkommen. Er hat wenig Interesse, das zu hören.

Die Mitglieder der Gruppe kennen Henry gut genug, um zu wissen, daß sich, wenn er so wütend ist, unter seinem Ärger wahrscheinlich andere Emotionen, insbesondere Furcht, verbergen. Wir fordern ihn auf, über seine Furcht zu sprechen. Er läßt seinen Ärger fahren und spricht von seiner Furcht, alleingelassen zu werden, nicht geliebt zu werden, kein Heim und keine Familie zu haben. Er spricht von seiner Eifersucht auf Mary und deren Intimität mit Heather. Henry ist beredt und eindrucksvoll, wenn er seine starken Gefühle äußert. Wir waren alle tief bewegt von Marys Schmerz und später von Jeans Wut und Sols Verletztheit. Jetzt fühlen wir uns beinahe zerrissen von den widersprüchlichen Emotionen Henrys angesichts seiner Trennung von Heather.

Plötzlich explodiert Joel. Er schreit: »Ich halte das nicht mehr aus. Ich ertrage es einfach nicht. All diese Gefühle. Diese Gefühle sind einfach zuviel für mich.«

In seinem ganzen Erwachsenenleben hat Joel fast immer versucht, so zu tun, als habe er keine Gefühle. Er rechtfertigte diese Haltung, indem er die starken, schweigsamen Filmhelden der dreißiger Jahre nachäffte, und obwohl viele Mitglieder der Gruppe dagegen protestieren, ist ihnen bewußt, daß es allzu viele amerikanische Männer gibt, die ihre starken Gefühle zu meiden suchen, wenn sie sich nicht auf kühle, kontrollierte Weise äußern lassen. Joel hat allmählich damit experimentiert, seine Fassade des harten Burschen abzubauen, und heute abend versucht er tatsächlich, bei seinen Gefühlen zu bleiben. Der Abend hat uns alle geschlaucht, aber er findet ihn besonders unerträglich. Henry und die anderen Mitglieder der Gruppe versuchen, ihn zu trösten, indem sie ihn umarmen und streicheln. Henry selbst ist jetzt viel ruhiger, seit ihm bewußt ist, wie stark seine Eifersucht ist und wie sehr er sich vor dem Alleinsein fürchtet. Joels Gefühlsergüsse lassen allmählich nach, und er bekommt leichte Schuldgefühle; er ruft aus, daß sich erwachsene Männer nicht so benehmen, aber seine Augen funkeln, weil er es gewagt hat, sich nicht wie ein erwachsener Mann zu benehmen, obwohl John Wayne das mißbilligen würde.

Wie kann die Gruppe gegebenenfalls helfen? Melissa hatte einen Horror vor Aggressionen — ihren eigenen und denen ihres Mannes und ihrer Kinder. Als ich sie zum ersten Mal aufforderte, wütend zu werden, erstarrte sie. Sie brachte keinen Laut hervor; ihr gewöhnlich blasses Gesicht wurde aschfahl. Damals ging es nur darum, Melissa bewußt zu machen, wie schwer es ihr fiel, Aggressionen selbst in einer kontrollierten Situation in spielerischer Weise zu äußern.

Später erlebte sie die Aggressionen ihres Mannes (er gehörte ebenfalls der Gruppe an), und mit Hilfe der Gruppe schaffte sie es, diese auszuhalten, ohne zusammenzubrechen: zu weinen, sich seinem Zorn zu beugen, sich selbst zu beschuldigen. Noch später begann sie, ihre eigenen Aggressionen zu äußern, manchmal in einem wilden Ausbruch, manchmal als erstickte Wut. Auch hierbei spielte die Gruppe eine Rolle, indem sie Melissa zu verstehen gab, daß sie, wenn sie ihren Zorn und ihre Wut ausließ, nicht zu einer fürchterlichen Person wurde, für die es keine Verzeihung gab, und daß sie andere mit ihrer Wut nicht vernichtete. Schließlich hatte Melissa in der Gruppe Gelegenheit, sich mit ihren Aggressionen zu versöhnen; ihre Gefühle zu akzeptieren; zu erkennen, daß sie wertvoll waren, weil sie ihr zeigten, wo sie stand, weil sie ihr Leben vitalisierten, sie von ihrer Unterwerfung gegenüber dem größeren Zorn ihres Mannes befreiten und ihr gestatteten, liebevoll oder ärgerlich mit ihren Kindern umzugehen, wie es der jeweiligen Situation entsprach.

Melissas Mann, Enrico, war mißtrauisch und fühlte sich durch andere bedroht. Zunächst versuchte er, der Gruppe nützlich zu sein, indem er eine Position der Stärke bezog und einbrachte, was als Basis für eine Beziehung gefordert wurde. Als er merkte, daß er die Bürde all seiner dargebotenen Hilfe nicht tragen konnte, zog er sich aus der Gruppe zurück. Da fing er an, seine Isolierung und seinen Pseudokontakt zu spüren. Nunmehr begann eine stürmische Periode seiner Gruppenzugehörigkeit, eine Phase, die er als äußerst bedrückend empfand. Es fiel ihm schwer, an den Sitzungen teilzunehmen bzw. bis zum Ende dazubleiben; manchmal saß er fern von den anderen in einer Ecke. In dieser Periode begannen sich Enricos eigene Bedürfnisse abzuzeichnen. Statt große Kraft zu bieten, bedurfte er großer Nachsicht. Er versuchte, mich und die anderen Gruppenmitglieder zu provozieren. Er stieß uns mit Deutungen vor den Kopf, die wahrscheinlich seine eigenen Projektionen waren; er brüllte seine Wut so hemmungslos hinaus, daß alle Frauen in der Gruppe in Tränen ausbrachen, wenn er so richtig loslegte. Er merkte, daß er seine eigene Unsicherheit und seine Aggressionen ohne ernsthafte Folgen äußern konnte. Er begann zu spüren, wie mächtig seine Wut war; daß er andere damit einschüchtern konnte. Er entdeckte, daß die Ursache seiner Wutausbrüche oft nicht Verärgerung, sondern Furcht und Beschämung über diese war. Später ermutigten wir ihn, wenn er wütend wurde, zu erforschen, ob er sich vor etwas fürchte, statt zu explodieren. Bei anderen Gelegenheiten forderten wir ihn auf, absichtlich zu explodieren.

Er wurde zu unserem Hauptexperten für Aggressionen. Wie ein Maestro wurde er aufgefordert, sich zu bemühen, eine breite Skala der Aggressionsäußerung vom Fortissimo bis zum kaum hörbaren Tremolo zu entwickeln. Bei anderen Anlässen reagierten Gruppenmitglieder und ich unmittelbar auf seine Aggressionen, so daß er unsere Verärgerung erleben konnte und merkte, wie man sich als deren Adressat fühlt. Während dieser ganzen Zeit war er als Mitglied der Gruppe uneingeschränkt akzeptiert. Allmählich lernte Enrico, seine Aggressionen zu beherrschen, sie sparsam und gezielt einzusetzen, seine eigenen Ängste ebenso zu erkennen wie, welche Rolle die Aggression bei seiner Isolierung von anderen spielte. Dann begannen sich Enricos frühere Stärken aufs neue zu zeigen. Seine Beiträge zu anderen waren weniger aggressiv und entstellt. Er befreundete sich mit anderen Mitgliedern und konnte Hilfe geben und annehmen. All dies erforderte eine fast dreijährige Teilnahme an der Gruppe, aber es ist fraglich, ob es ohne die Gruppe überhaupt möglich gewesen wäre.

Michael schämte sich zutiefst seiner Homosexualität. Aus seiner Sicht hätten ihn alle Heterosexuellen meiden müssen. Er konnte keine Ausnahmen machen. Es war ihm nicht bewußt, daß es seine eigene Verurteilung der Schwulen war, die ihn peinigte. In der Gruppe wurde seine Homosexualität akzeptiert, aber er fuhr fort, die Gültigkeit dieser Erfahrung zu leugnen. Er glaubte, die anderen Mitglieder der Gruppe gäben nur vor, ihn zu akzeptieren. Mit der Zeit gingen seine Erfahrungen mit den anderen Teilnehmern jedoch über ihre verbale Akzeptanz hinaus. Als Olivia tief getroffen vom Tod ihres Bruders war, wählte sie Michael als Beistand ihrer Trauer. Als Alfred, der Sportfex der Gruppe, von seinen eigenen homosexuellen Gefühlen sprach, die er nie gewagt hatte, offen auszudrücken, weinte er und umarmte Michael. Als sich Harriet von ihrem Mann trennte, bat sie Michael, sie zu trösten. Als Michael von seiner eigenen andauernden Einsamkeit und seinen Enttäuschungen bei der Suche nach homosexuellen Partnern sprach, erwiesen ihm Mitglieder der Gruppe echtes Mitgefühl und schilderten ihre eigene Einsamkeit als ähnlich. Allmählich begann sich Michael weniger als Paria zu fühlen. Er kehrte in den Süden zurück, um seine Eltern zu besuchen und fand einen Platz für sich in der Familie, von der er sich für alle Zeiten ausgeschlossen glaubte; er wurde offener in seinen Beziehungen zu Heterosexuellen und erkannte sogar, daß er seine eigene Homosexualität als Mittel benutzt hatte, um eine besondere Behandlung zu verlangen und seinen Rückzug aus sozialen Beziehungen zu rechtfertigen.

Ich möchte hervorheben, daß es in keinem dieser Fälle notwendig große Durchbrüche gab, selbst in unseren dramatischsten Momenten nicht, wenn wir eine energie- und gefühlsgeladene, stark erregte Gruppe hatten. Nach dem Abklingen der Erregung blieb am gleichen Abend, am nächsten Tag oder in der nächsten Woche diese schwierige Aufgabe, das Geschehene zu integrieren; Mittel zu finden, um die neuen Einsichten den vorhandenen Verhaltensweisen anzupassen. Oft (und das ist schwierig für einen ungeduldigen Therapeuten wie mich, so erpicht auf Erfolg) gehen die Gewinne einer Gruppensitzung »verloren«, sie treten in den Hintergrund, nur um drei oder sechs Monate später wiederentdeckt zu werden. Manchmal werden neue Fertigkeiten nach einer anfänglichen Periode erfolgreicher Versuche leider wieder fallengelassen. Manchmal werden die neu erworbenen Kompetenzen zwar im Leben angewandt, aber vor dem Therapeuten sorgfältig verborgen, so daß man auf sie schließen muß. Warum sollte man ihm schließlich eine Freude machen? Das Individuum gestaltet sein eigenes Schicksal und lebt sein Leben in seiner eigenen Weise. Sein Ziel in der Therapie, ob es sich nun um Gruppen- oder Einzelsitzungen handelt, besteht darin, in seinem Leben seinen eigenen Weg zu finden, nicht dem Konzept eines Therapeuten von »psychischer Gesundheit« zu entsprechen.

Timothy hatte mehr als fünfzehn Jahre in Psychoanalyse zugebracht und war immer noch drogensüchtig. Ich beharrte von Anfang an darauf, mir bei ihm nicht das Ziel zu setzen, ihn drogenfrei zu machen. Ich spürte, daß er versuchte, Waffen gegen mich zu sammeln, mit denen er mich auflaufen lassen konnte. Von seiner ersten Sitzung an erklärte er mir, was für ein schrecklicher Mensch er sei, und verurteilte sich selbst. Als ich ihn fragte, was er mir Gutes über sich sagen könne, weinte er beinahe. Gewinnt man nicht auf diese Weise das Interesse von Therapeuten, indem man gesteht, wie schrecklich man ist, und ihr Interesse dann wachhält, indem man ihnen beweist, daß man noch schlimmer ist, als sie bereits vermuteten?

Ich mußte sichtlich auf raffinierte Tricks, Finten und Machinationen gefaßt sein, und ich wurde nicht enttäuscht. Timothy genoß es, immer neue Garne zu spinnen, die beweisen sollten, wie hoffnungslos er sei, und dann, sobald er sich mit mir wohler fühlte, wie verrückt ich sei zu glauben, ich könnte von ihm akzeptiert werden. Manchmal war er besonders freundlich und räumte ein, um wieviel besser er sich fühle und daß er vielleicht eine Chance für ein besseres Leben habe. Ich sagte, ich hätte vor langer Zeit von einem meiner hervorragenden Professoren in Harvard gelernt, daß ich nach einer Demonstration von Freundschaft gut daran tue, auf einen Dolchstoß in den Rücken gefaßt zu sein. Wenn mir Timothy seine Freundschaft anbiete, sei ich also auf das Folgende gefaßt und würde ihn nicht dafür büßen lassen. Die Dolchstöße kamen denn auch immer wieder, bis er sich allmählich selbst dessen bewußt wurde. Er sagte, wenn er sich Offenheit und Nähe gegenüber jemandem gestatte, dann müsse er sich selbst schützen, indem er Feindseligkeit hervorrufe.

Timothy war ziemlich darauf erpicht, in eine Gruppe zu gehen. Er hatte zwei Jahre lang einer Gruppe von Drogenabhängigen angehört. Man hatte ihn ausgeschlossen, weil er die Drogen nicht aufgab und sich nicht an das System hielt, das für diese Art Therapie erarbeitet worden war. Ich stellte mir vor, daß er kein leicht zu behandelndes Gruppenmitglied sein würde, aber meinte, die zusätzliche Unterstützung anderer Leute zu brauchen, um bei ihm Wirkung zu erzielen.

Zu Beginn seiner Teilnahme an der Gruppe versuchte Timothy die Mitglieder dazu zu bringen, eine ganze Latte von Regeln zu akzeptieren. Diese Regeln stammten überwiegend aus der Art von Therapie, an der er zuvor teilgenommen hatte und die er ebenso abgelehnt zu haben scheint, wie er dann von den Leuten abgelehnt worden war. Insbesondere versuchte er die verschiedensten »Höflichkeitsregeln« durchzusetzen. Die Teilnehmer *sollten nicht* miteinander flüstern, wenn ein anderes Mitglied arbeitete. Die Gruppe *sollte* pünktlich um 19 Uhr 30 beginnen, und es *sollte* den Mitgliedern *nicht* gestattet sein, zu spät zu kommen. Jedes Mitglied *sollte* der Reihe nach drankommen. Die meisten Gruppenmitglieder lachten bloß, aber er insistierte in einer Art von empörten Gerechtigkeitssinn. Die anderen weigerten sich immer noch, den Fehdehandschuh aufzunehmen. Timothy belferte daraufhin die anderen wegen ihres Mangels an Ernsthaftigkeit an und nahm dann mich aufs Korn, »Was ist das für eine Art, eine Gruppe zu leiten?«, bekam ich häufig zu hören. Wir weigerten uns alle, so rigide zu werden, wie er es wollte, und er war überzeugt, es mit einem Haufen liberaler Spinner zu tun zu haben, die zu manipulieren ihm nicht schwerfallen würde. Wir bemühten uns in jeder erdenklichen Weise, von ihm akzeptiert zu werden, und er tat alles, um uns vor den Kopf zu stoßen. Wir forderten ihn auf, Steve McQueen zu spielen, was ihm riesigen Spaß machte. Dann sollte er den prediger Cotton Mather spielen, was er ebenfalls genoß. Als wir ihm vorschlugen, Chicken Little zu spielen, »eine feige Memme« (zwei seiner Lieblingsausdrücke) rümpfte er die Nase. Er tischte uns Horrorgeschichten auf, um die Gruppe gegen sich einzunehmen: daß er seine Frau verprügle, daß er seine Tochter aus dem Haus geworfen habe, daß er seine Mutter ignoriere, und was für rassische Vorurteile er habe. Die Mitglieder der Gruppe erklärten ihm ganz offen, daß sie ihn nicht ernstnehmen könnten, daß er in ihren Augen eine Parodie reaktionärer Selbstgerechtigkeit darstelle.

Timothy hatte auch noch andere Methoden, um sich uns vom Leib zu halten. Wenn er arbeitete, verfuhr er stets auf dieselbe Weise. Zunächst präsentierte er ein Problem, von dem er sagte, daß es schwierig und fast unlösbar für ihn sei. Wenn die Gruppe dann mit ihm arbeitete, erzielte er einen »Durchbruch« und wurde schrecklich ernst. »Ist das wirklich die ganze Lösung?« Und dann die totale Akzeptanz. Bloß glaubte ihm niemand. Aber er hatte seine Ruhe, bis er das nächste Mal an die Reihe kam.

Er studierte uns alle, insbesondere mich, machte sich Aufzeichnungen, versuchte Unaufrichtigkeit, Widersprüche, Dummheit aufzudecken, und dann schlug er zu, versuchte, uns zu schocken und zu terrorisieren. Es funktionierte nicht, nicht im mindesten. Dann begann er, Tobsuchtsanfälle zu kriegen. Er drohte, mir einen Stuhl über den Schädel zu schlagen, einen anderen Mann zu verprügeln, eine Frau zu erwürgen. Wir durchschauten seinen Bluff. Danach verließ er häufig den Raum; wir ließen ihn gehen, aber er kam in wenigen Minuten zurück. Wie er selbst sagte, sobald er draußen war, fragte er sich, wo soll ich jetzt hingehen? Es ist ziemlich gut da, ich kehre lieber zurück.

Trotz all seiner Mätzchen entwickelte Timothy eine bessere Beziehung zu seiner Frau und ein offeneres Verhältnis zu seiner Tochter, die nach Hause zurückgekehrt war. Dann fing er an, Sitzungen aus ziemlich guten Gründen fernzubleiben, und ich willigte zunächst ein. Später waren die Gründe offenkundiger vorgeschoben. Ich forderte ihn auf, seine eigene Entscheidung zu treffen: entweder bei der Gruppe zu bleiben und regelmäßig zu kommen oder auszuscheiden. Ich sagte, ich wolle nicht, daß er gelegentlich vorbeischaue. Er war wütend. Er nannte mich einen Hitler, behauptete, jetzt hätte ich mein wahres Gesicht gezeigt und mich als der Despot erwiesen, für den er mich immer gehalten habe. Als er sich ausgetobt hatte, entschied er sich, weiterhin in der Gruppe zu arbeiten, aber erst nachdem er seine eigene Entscheidung getroffen hatte, sprach er mir das Kaliber eines Hitler wieder ab.

Allmählich begann Timothy, der Gruppe mehr zu vertrauen. Er sprach von seinen Befürchtungen, verrückt zu sein, und als die Gruppe auch das nicht glaubte und ihn aufforderte, jetzt und hier verrückt zu spielen, kam er diesem Wunsch nach und hatte einen Riesenspaß daran, zu brüllen und mit den Füßen zu stampfen. Wir genossen die Vorstellung nicht minder. Er klagte über all die verrückten Gefühle, die ihn erfüllten, und als wir die Vermutung äußerten, daß es sich dabei um die Erregung handeln könnte, die er ständig blockiere, gestattete er sich, mit seinen Gefühlen mitzuschwingen, und vollführte einen großartigen kinetischen Tanz, von dem wir ebenso gepackt waren wie er. Bei anderen Gelegenheiten sagte er, er könne in der Gruppe wirklich nicht arbeiten, er sei zu schwach. Wir nahmen ihn beim Wort, und er legte sich auf eine Couch, während alle Gruppenmitglieder ihn abwechselnd bedienten und für seine Bequemlichkeit sorgten.

Timothy war Jude, und er erwartete, von Nichtjuden wegen seines »Judengesichts« gehaßt zu werden, aber überraschenderweise stellte er fest, daß er sich mit Gruppenteilnehmern anfreundete, die keine Juden waren. Er fragte mit gespieltem Ernst, wie Nichtjuden, die sich selbst ernstnehmen, mich, ein Judengesicht, als Therapeuten wählen könnten, und woher ich den Mut nähme, sie zu akzeptieren? Ob ich nicht wisse, daß sie sich früher oder später gegen mich wenden würden? Wenn einige der hübschen Frauen in der Gruppe, Jüdinnen wie Nichtjüdinnen, Timothy umarmten, versuchte er, es zu bagatellisieren, obwohl er es in Wirklichkeit genoß; er war aber dennoch beeindruckt. All diese Sitzungen hinterließen ihre Spuren. Manche Theoretiker vertreten die Auffassung, daß bestimmte Sitzungen oder die Behandlung eines bestimmten Themas entscheidend für die Therapie seien. Gegenüber Timothy mußten wir uns immer wieder aufs neue bewähren, und selbst dann, nachdem er uns akzeptiert hatte, gab es wiederholt Rückschläge.

Timothy fürchtet sich nicht mehr davor, in ein Konzentrationslager verschleppt zu werden. Er hat größeres Selbstvertrauen in bezug auf seine Fähigkeiten als Geschäftsmann; seine Beziehungen zu seiner Familie sind stabiler, und er hat einen guten Freund gefunden. Er nimmt immer noch Drogen, aber er behauptet, daß auch dies vorübergehen werde. Wenn dem so ist, werden ich und die Gruppe da sein und unseren Teil beitragen. Und wenn nicht, dann ist sein Leben jedenfalls reicher und erfüllter als vor drei Jahren, als er zu uns kam.

11. Schluß

Wie ist das Ende?

Wir haben einander mehrere Jahre lang gesehen, einmal wöchentlich in Einzelsitzungen, einmal wöchentlich in der Gruppe. Im Laufe dieser Zeit habe ich dich sehr gut kennengelernt. Doch ich mußte mein Bild von dir in dem Maße ändern, wie du dich aufgrund unserer gemeinsamen Arbeit verändert hast. (Jetzt kann ich das Wort *Arbeit* gebrauchen, und ich weiß, daß du es verstehen wirst.)

Ich habe dich weniger scheu werden sehen, stärker, stabiler, selbstsicherer, fähig, unerledigte Situationen aus der Vergangenheit abzuschließen oder doch imstande, hinreichend für dein eigenes Wohl zu sorgen, so daß du leicht mit Problemen leben kannst, die noch nicht abgeschlossen sind.

Du hast immer noch Schwachstellen — eine Tendenz, mehr unter Kontrolle bekommen zu wollen, als dir möglich ist; ein Glaube, daß du dich auch weiterhin auf deinen Charme und dein gutes Aussehen verlassen kannst, um eine schwierige Situation zu bewältigen; der Waffenstillstand mit deinem Vater statt eines Friedensschlusses.

Du hast gesehen, wie ich mich veränderte. Auch ich habe meine unerledigten Situationen, mit denen ich mich auseinandersetzen muß. Du siehst, daß ich sowohl geduldiger als auch ungeduldiger bin, gelassener in bezug auf Drogen und weniger tolerant gegenüber Zigaretten. Die letzten Reste meines professionellen Gehabes sind nahezu ganz verschwunden. Du hast mich nie in einem weißen Hemd, einem Anzug oder einer Krawatte gesehen; du hast mich nie jemanden als Herr oder Frau Soundso ansprechen hören.

Jetzt fragst du dich: Ist es Zeit aufzuhören? *Aufhören, stoppen* sind bessere Worte als *beenden* und auch besser als *abschließen.* Wir kommen an kein Ende, wir schließen nichts ab; wir brechen ab. Unser ganzes Leben lang werden wir weiter wachsen und uns entwickeln; das einzige, wozu wir uns in diesem Augenblick entschließen, ist, unsere gemeinsamen Erkundungen abzubrechen. Aber, protestierst du, da ist noch mehr. Wie weiß ich, ob ich fertig bin?

Da täuschst du dich. Wir sind nie fertig, außer wenn wir sterben. Das ist das Ende, der Abschluß. Wir können unsere Zusammenkünfte abbrechen, aber wir setzen beide unseren Weg fort, ohne Ende.

Ich weiß, du willst ein Zeugnis, ein Attest guter psychischer Gesundheit, einen Talisman, den du in Zukunft gebrauchen kannst, wenn schlechte Zeiten kommen, woran nicht zu zweifeln ist. Ich kann dir meinen Segen geben, falls dir das nützt. Aber das ist kein Gesundheitszeugnis.

Stattdessen fordere ich dich auf, dir dein Gesundheitszeugnis selbst auszustellen. Nenne mir all die Punkte, in denen du ein gutes Gefühl dir gegenüber hast. Zeige mir, wie du dich in diesem Augenblick selbst siehst.

Und jetzt nenne mir alle Probleme, die in deinem Leben noch ungelöst sind. Schau dir jetzt die beiden Listen an. Was für ein Gefühl hast du gegenüber beiden? Du siehst, daß da noch mehr ist. Willst du immer noch aufhören? Ja, du spürst, daß du für den Augenblick genug hast. Natürlich ist da noch mehr, aber du willst das eine Zeit lang selbst bearbeiten und sehen, wie du damit zurechtkommst.

Gut. Dann können wir frei entscheiden, was als nächstes geschehen soll. Sollen wir uns in den nächsten ein, zwei Monaten jede zweite Woche sehen, oder sollen wir nur noch viermal zusammenkommen und dann aufhören? Wir können das gemeinsam entscheiden.

Nein. Du hast das Gefühl, allzuviel sei noch unerledigt geblieben. Du warst es müde zu kommen. Alles scheint so endlos. Du wolltest mich auf die Probe stellen, austricksen, und jetzt wird dir klar, daß du weiterhin kommen willst. Bist du sicher? Hast du bloß Angst, jetzt, da du dich entschlossen hast, allein weiterzumachen? Nein, nein. Ich dränge weiter. Was wäre, wenn ich entscheiden würde, daß du fertig bist und wir aufhören müssen? Würde es dir leichterfallen zu gehen, wenn ich die Bürde des Schlußmachens auf mich nehme?

Verstehst du, manchmal merke ich, daß ich auf die Probe gestellt werde, und ich finde die Situation unangenehm. Idealerweise kommst du hierher, weil du den Wunsch hast, etwas aus deinem Leben zu machen. Aber sobald du hier bist, kann dieser Wunsch verschwinden, und du kannst es viel wichtiger finden, mit mir ein Spielchen zu spielen. Eines dieser Spiele besteht darin zu sagen: Ich glaube, ich möchte nicht mehr zu dir kommen. Überrede mich jetzt, daß ich weitermachen sollte. Ich möchte niemanden überreden, irgend etwas zu tun. Das ist ein Teil des Erwachsenseins — selbst für sich zu entscheiden. Dennoch, wenn ich nichts sage, kann es sein, daß du weggehst, teils aus Trotz, teils, weil du glaubst, es sei mir gleichgültig, teils, weil du mein Schweigen als Zustimmung wertest.

Ich sage dir also zögernd, was aus meiner Sicht noch zu tun bleibt und was du möglicherweise zu vermeiden suchst. Ich weise so gut ich kann darauf hin, daß meine Meinung nichts weiter als das ist, aber du bestehst darauf, mehr darin zu sehen. Das ist bereits ein Zeichen, daß etwas der Aufmerksamkeit bedarf. Du fühlst dich erleichtert. Du wolltest mich nur herausfordern, wolltest beweisen, daß du weggehen kannst, wenn du es willst. Du wolltest mir demonstrieren, daß ich keine Kontrolle über dich habe. Also machen wir weiter.

Wenn du keine Spiele spielst, wenn du das Gefühl hast, daß du aufhören willst, daß du soviel bekommen hast, wie du brauchen konntest, daß du Vertrauen in die Zukunft hast, dann können wir aufhören.

Wir können aufhören. Aber du setzt deinen Weg fort. Das Ziel unserer gemeinsamen Arbeit ist, daß du lernst, dein/e eigene/r Therapeut/in zu sein, dich selbst zu heilen. Wenn wir aufhören, geht dein Leben mit seinen Belastungen, Konflikten und Gefahren sowie mit seiner Lust, seiner Freude und seiner Faszination weiter. Wenn du diesen neuen Abenteuern begegnest, kannst du sie als ganzer Mensch erleben. Und wo du auf Blockaden, Widerstand, Angst und Leid stößt, kannst du dennoch vorankommen und dich allein durchschlagen.

Das bedeutet nicht, daß ich vergessen bin. Du wirst vielleicht im Geist Gespräche mit mir führen, Dialoge; du hast dir vielleicht Teile von mir angeeignet, die noch nicht ganz Bestandteil deiner selbst geworden sind, und deshalb kann es sein, daß du innerlich meine Stimme sprechen hörst. Du kannst, wenn du dich besonders verunsichert fühlst, eine Beratung mit mir vereinbaren. Ich werde dich nicht vergessen haben, und ich bin gern bereit, mit dir zu sprechen, wenn eine Krise besonderer Art eintritt. Ich wiederhole, wir haben aufgehört, aber wir haben nichts abgeschlossen.

Ich habe meine eigenen Gefühle, mit denen ich umgehen muß, wenn du vom Aufhören sprichst. In der Zeit, in der wir zusammen arbeiteten, habe ich eine echte Zuneigung zu dir gefaßt, ja dich lieben gelernt. Als wir miteinander rangen, war das eine tiefreichende Erfahrung für uns beide. Ich empfand deine Liebe (und deinen Haß), und jetzt empfinde ich den Verlust von dir in meinem eigenen Leben. Ich werde unsere Sitzungen vermissen, unsere Kämpfe Seite an Seite oder gegeneinander, die Durcharbeitung der Dinge, die dich bedrückten, beide fest entschlossen, herauszufinden, was verborgen liegt, deine Energie zu befreien. Dies ist meine Arbeit, und auch für mich hört unsere Arbeit auf. Aber auch ich bin nicht fertig. Ich habe meine eigenen Gefühle, Erinnerungen, Gedanken darüber, was mit uns beiden geschehen ist. Du bist ein wichtiger Teil auch meines Lebens gewesen.

Vielleicht ist deine Entscheidung zwiespältig. Du möchtest bleiben und gleichzeitig möchtest du gehen. Wenn du mit deiner Therapie in wichtigen Punkten noch nicht fertig bist, erlebst du vielleicht, daß das einzige Mittel, den Absprung zu schaffen, darin besteht, aggressiv zu werden. Das tut mir weh, aber es ist ein Teil dessen, was in diesem Augenblick für dich existiert. Du hast soviel Therapie bekommen, aber du hast auch Schuldgefühle, weil du aufhörst. Du willst dich mir nicht stellen, weder deinen Gefühlen von Schuld noch deinen Gefühlen von Verlust. Deshalb erfindest du stattdessen irgendeinen Grund, über mich verärgert zu sein, etwas, das deinen Weggang rechtfertigt. Wenn du wirklich verärgert bist, wenn ich mich töricht verhalten habe, dann können wir darüber sprechen. Genau dies ist ja ein Teil der Therapie. Aber nein, du bist verärgert und kannst nicht, willst nicht darüber sprechen. Du mußt mich so verlassen, daß deine Selbstgerechtigkeit und dein Ärger intakt bleiben. Ich kann dich nicht veranlassen zu bleiben. Ich will es nicht, aber ich bitte dich, es dir gut zu überlegen und mich wissen zu lassen, ob dir Zweifel gekommen sind. Inzwischen bitte ich dich, wenigstens noch einmal darüber zu reden, nächste Woche. Diese Verzögerungstaktik könnte es dir gestatten, deinen Ärger abzukühlen, aber wenn du wirklich entschlossen bist, ihn als ein Mittel für deinen Weggang einzusetzen, dann wirst du mich wahrscheinlich anrufen und die nächste Sitzung absagen oder mir einen Brief schreiben, in dem du mir erklärst, daß es keinen Sinn habe, uns noch einmal zu sehen. Wenn du derart entschlossen bist, dann hast du vielleicht recht. Später, sobald du die Therapie hinter dir gelassen hast, wirst du vielleicht andere Gedanken und Gefühle haben. Wir werden sehen.

Unser Ringelpiez ist jetzt zu Ende. Du bereitest dich auf den Abschied vor. Ob du weinen solltest? Deine Augen umwölken sich. Sollen wir uns umarmen? Ich möchte es schon. Ob du meinen Segen hast? Was er auch wert sein mag, du hast ihn. Besser wäre es, du hättest deinen eigenen. Ich denke an die Zeile von T.S. Eliot in *The Cocktail Party: »Go and work out your salvation with diligence.«* (Geh hin und arbeite eifrig an deiner Erlösung.) Obwohl Eliots Formulierung quasi-religiös ist, ziehe ich es vor, sie spirituell zu interpretieren. Nimm also meine guten Wünsche für dich mit.

Wir sehen einander nicht mehr. Doch wir stehen weiterhin in gelegentlichem Kontakt — ein Brief, wenn du heiratest, ein Anruf, wenn du Mutter/Vater wirst und, da Manhattan ein so kleines Nest ist, treffen wir uns im

Theater, beim Einkaufen in Bloomingdale's, beim Spazierengehen im Central Park und beim Essen im Village. Wir klatschen ein bißchen, trinken vielleicht etwas miteinander, umarmen uns und trennen uns wieder. Paul Goodman sagte einmal, das Ziel der Therapie sei es, aus Patienten Freunde zu machen. Wenn wir Glück haben, endet die Therapie, aber das Leben, das wir uns miteinander geschaffen haben, geht weiter.